目次

序章
- Ⅰ．はじめに・・・・・・・・・・・・・・・・・・・・・・・・・・・・・・・・・・3
- Ⅱ．本書の構成・・・・・・・・・・・・・・・・・・・・・・・・・・・・・・・・・4
- Ⅲ．本書の使い方・・・・・・・・・・・・・・・・・・・・・・・・・・・・・・・・5
- Ⅳ．注意事項・・・・・・・・・・・・・・・・・・・・・・・・・・・・・・・・・・6

第1章　限界耐力計算とは・・・・・・・・・・・・・・・・・・・7
- 1.1　1自由度系の地震応答・・・・・・・・・・・・・・・・・・・・・・・・・・9
- 1.2　限界耐力計算の概要と背景・・・・・・・・・・・・・・・・・・・・・・・11
- 1.3　法律上の位置づけ・・・・・・・・・・・・・・・・・・・・・・・・・・・14
- 1.4　限界耐力計算の特徴と本書で取り上げる例題の位置づけ・・・・・・・・・15

第2章　モデルプランの概要と設計方針・・・・・・・・17
- 2.1　モデルプランの概要・・・・・・・・・・・・・・・・・・・・・・・・・・19
- 2.2　限界耐力計算方法の設計方針・・・・・・・・・・・・・・・・・・・・・・44

第3章　限界耐力計算方法の流れ・・・・・・・・・・・・・45

第4章　建築物に要求される性能・・・・・・・・・・・・・55
- 4.1　損傷限界状態・・・・・・・・・・・・・・・・・・・・・・・・・・・・・57
  - 4.1.1　外力分布 b_{di}・・・・・・・・・・・・・・・・・・・・・・・・・57
    - 【ひとりでやってみよう1】・・・・・・・・・・・・・・・・・・・・・57
  - 4.1.2　有効質量 M_{ud}・・・・・・・・・・・・・・・・・・・・・・・・60
    - 【ひとりでやってみよう2】・・・・・・・・・・・・・・・・・・・・・60
  - 4.1.3　係数 p・・・・・・・・・・・・・・・・・・・・・・・・・・・・61
    - 【ひとりでやってみよう3】・・・・・・・・・・・・・・・・・・・・・62
  - 4.1.4　係数 q・・・・・・・・・・・・・・・・・・・・・・・・・・・・64
    - 【ひとりでやってみよう4】・・・・・・・・・・・・・・・・・・・・・64
  - 4.1.5　B_{di} 分布・・・・・・・・・・・・・・・・・・・・・・・・・・65
    - 【ひとりでやってみよう5】・・・・・・・・・・・・・・・・・・・・・66
  - 4.1.6　地盤の増幅係数 G_s・・・・・・・・・・・・・・・・・・・・・・66
    - 【ひとりでやってみよう6】・・・・・・・・・・・・・・・・・・・・・67
  - 4.1.7　地震力 P_{di}・・・・・・・・・・・・・・・・・・・・・・・・・68
    - 【ひとりでやってみよう7】・・・・・・・・・・・・・・・・・・・・・68
- 4.2　安全限界状態・・・・・・・・・・・・・・・・・・・・・・・・・・・・・70
  - 4.2.1　降伏点周期と応答塑性率の仮定・・・・・・・・・・・・・・・・・70
  - 4.2.2　等価粘性減衰定数と応答低減係数・・・・・・・・・・・・・・・・72
    - 【ひとりでやってみよう8】・・・・・・・・・・・・・・・・・・・・・72

4.2.3　外力分布 b_{si} ・・・・・・・・・・・・・・・・・・・・・・・・・・・・・・・ 76
　　　【ひとりでやってみよう 9】・・・・・・・・・・・・・・・・・・・・・・・・・ 76
4.2.4　有効質量 M_{us} ・・・・・・・・・・・・・・・・・・・・・・・・・・・・・・ 78
　　　【ひとりでやってみよう 10】・・・・・・・・・・・・・・・・・・・・・・・・ 78
4.2.5　係数 p ・・・・・・・・・・・・・・・・・・・・・・・・・・・・・・・・・・ 79
　　　【ひとりでやってみよう 11】・・・・・・・・・・・・・・・・・・・・・・・・ 79
4.2.6　係数 q ・・・・・・・・・・・・・・・・・・・・・・・・・・・・・・・・・・ 80
　　　【ひとりでやってみよう 12】・・・・・・・・・・・・・・・・・・・・・・・・ 80
4.2.7　B_{si} 分布 ・・・・・・・・・・・・・・・・・・・・・・・・・・・・・・・・・ 80
　　　【ひとりでやってみよう 13】・・・・・・・・・・・・・・・・・・・・・・・・ 81
4.2.8　地盤の増幅係数 G_s ・・・・・・・・・・・・・・・・・・・・・・・・・・・ 81
　　　【ひとりでやってみよう 14】・・・・・・・・・・・・・・・・・・・・・・・・ 82
4.2.9　地震力 P_{si} ・・・・・・・・・・・・・・・・・・・・・・・・・・・・・・・・ 82
　　　【ひとりでやってみよう 15】・・・・・・・・・・・・・・・・・・・・・・・・ 83

第 5 章　各限界状態時の耐力・応答の評価と性能の検証・・・・・・・・・・・ 85
5.1　損傷限界時の耐力（損傷限界耐力）・・・・・・・・・・・・・・・・・・・・・・・・ 87
5.2　安全限界時の耐力（安全限界耐力）・地震応答 ・・・・・・・・・・・・・・・・・・ 88
　　　【ひとりでやってみよう 16】・・・・・・・・・・・・・・・・・・・・・・・・ 91
5.3　限界耐力と要求耐力の比較・・・・・・・・・・・・・・・・・・・・・・・・・・・ 94
5.4　応答変形の検証・・・・・・・・・・・・・・・・・・・・・・・・・・・・・・・・ 94

第 6 章　保証設計・・・・・・・・・・・・・・・・・・・・・・・・・・・・・・・ 95
6.1　保証設計の考え方・・・・・・・・・・・・・・・・・・・・・・・・・・・・・・・ 97
6.2　せん断破壊に対する保証設計の考え方・・・・・・・・・・・・・・・・・・・・・・ 98
　　　【ひとりでやってみよう 17】・・・・・・・・・・・・・・・・・・・・・・・・ 100
　　　【ひとりでやってみよう 18】・・・・・・・・・・・・・・・・・・・・・・・・ 104
6.3　層崩壊に対する保証設計の考え方・・・・・・・・・・・・・・・・・・・・・・・・ 107
　6.3.1　柱梁曲げ耐力比の評価・・・・・・・・・・・・・・・・・・・・・・・・・・ 107
　6.3.2　層せん断余裕率の評価・・・・・・・・・・・・・・・・・・・・・・・・・・ 107
　　　【ひとりでやってみよう 19】・・・・・・・・・・・・・・・・・・・・・・・・ 108

第 7 章　付録・・・・・・・・・・・・・・・・・・・・・・・・・・・・・・・・・ 109
7.1　応答スペクトルの解説・・・・・・・・・・・・・・・・・・・・・・・・・・・・・ 111
　7.1.1　質点モデルと運動方程式・・・・・・・・・・・・・・・・・・・・・・・・・ 111
　7.1.2　質点モデルの応答計算・・・・・・・・・・・・・・・・・・・・・・・・・・ 112
　7.1.3　応答スペクトル・・・・・・・・・・・・・・・・・・・・・・・・・・・・・ 114
7.2　多層建築物の地震時の揺れ方・・・・・・・・・・・・・・・・・・・・・・・・・・ 115
7.3　揺れ方の単純化・・・・・・・・・・・・・・・・・・・・・・・・・・・・・・・・ 119

建築基準法関連法規・・・・・・・・・・・・・・・・・・・・・・・・・・・・・・・・ 123

解答・・・・・・・・・・・・・・・・・・・・・・・・・・・・・・・・・・・・・・・ 145

コーヒーブレイク目次

保有水平耐力計算との比較　～　崩壊メカニズムと解析終了点・・・・・・・・・16
$S_a － S_d$ スペクトル・・・・・・・・・・・・・・・・・・・・・・・・・・・・・54
A_i 分布と b_i 分布・・・・・・・・・・・・・・・・・・・・・・・・・・・・・58
工学的基盤・・・・・・・・・・・・・・・・・・・・・・・・・・・・・・・・・・62
地盤特性を考慮した加速度応答スペクトルの設定・・・・・・・・・・・・・・・63
係数 p と係数 q　保有水平耐力計算と限界耐力計算の設計用スペクトル・・・・・64
地盤増幅係数 G_s の精算法・・・・・・・・・・・・・・・・・・・・・・・・・67
降伏変位と塑性率・・・・・・・・・・・・・・・・・・・・・・・・・・・・・・71
降伏変位の重要性・・・・・・・・・・・・・・・・・・・・・・・・・・・・・・71
等価粘性減衰定数について・・・・・・・・・・・・・・・・・・・・・・・・・・73
等価線形化手法と減衰定数・・・・・・・・・・・・・・・・・・・・・・・・・・74
建築物と地盤の相互作用を考慮した等価粘性減衰定数について・・・・・・・・75
振動モード形について・・・・・・・・・・・・・・・・・・・・・・・・・・・・77
保有水平耐力計算との比較　～　崩壊メカニズムと必要強度・・・・・・・・・・93
塑性ヒンジ回転角 R_p・・・・・・・・・・・・・・・・・・・・・・・・・・・・98

序章

Ⅰ. はじめに

　建築物の構造に関して、建築基準法では第 20 条で下記のとおり規定しています。したがって、建築物の設計を行うにあたっては、建築物の構造種別や規模に応じて適切な構造計算などを行い、「安全な構造」であることを確認する必要があります。

> 建築基準法 第 20 条
> 　建築物は、自重、積載荷重、積雪荷重、風圧、土圧及び水圧並びに地震その他の震動及び衝撃に対して安全な構造のものとして、次の各号に掲げる建築物の区分に応じ、それぞれ当該各号に定める基準に適合するものでなければならない。(後略)

　本書では、鉄筋コンクリート造建築物を対象に、建築基準法施行令第 82 条の 5 に示されている限界耐力計算について、その計算手順を追って解説します。限界耐力計算とは、建築物の損傷限界および安全限界における建築物の構造性能を確保するために行うもので、性能照査型の耐震設計手法です。その背景やコンセプト、および適用方法などを、関連する法令やトピックを交えて、わかりやすく説明します。なお、限界耐力計算と同等の設計ルートとなる、いわゆる 1 次設計（許容応力度計算）、2 次設計（保有水平耐力計算）については、本書の姉妹版である「ひとりで学べる RC 造建築物の構造計算演習帳【許容応力度計算編】」、「ひとりで学べる RC 造建築物の構造計算演習帳【保有水平耐力計算編】」を参照してください。

　本書の特徴は、理論や解説だけでなく、モデルプランを対象として順次に演習を進めていく点にあります。これによって、内容の理解に加えて、全体の流れを習得しやすくなるよう構成しています。モデルプランは、鉄筋コンクリート造 2 階建ての事務所建築物です。計算の一連の流れが把握しやすいよう、耐震壁のないラーメン構造としました。

　本書によって、少しでも、鉄筋コンクリート造建築物の構造計算に関する理解が深まれば幸いです。さあ、ひとりでもやってみましょう。

■ 本書の特徴

　本書は、鉄筋コンクリート造建築物の構造計算の手順を手計算しながら習得できる「自学・自習」の教科書という意味から『ひとりで学べる演習帳』と名付けました。解説を読み、演習問題に取り組んでいただくことで、必要な基礎知識を確認しながら身につけていくことができます。

■ 本書を使っていただきたい方

　本書は、次のような方に使っていただくことを想定して編集しました。
① 「ひとりで学べる RC 造建築物の構造計算演習帳【許容応力度計算編】（以下【許容応力度計算編】と呼びます。）」、「ひとりで学べる RC 造建築物の構造計算演習帳【保有水平耐力計算編】（以下【保有水平耐力計算編】と呼びます。）」を読み、1 次設計、2 次設計を理解し終えて、次に限界耐力計算のマスターを目指す方。
② 鉄筋コンクリート造建築物の耐震性能について勉強したい方。
③ 鉄筋コンクリート造建築物の構造計算に興味がある方。
④ 大学等で建築分野の学科を専攻している方。

Ⅱ. 本書の構成

　本書は7つの章で構成しています。以下に各章を簡単に説明します。なお、モデルプランには耐震壁がありません。

【第1章】 限界耐力計算とは
　限界耐力計算の背景と目的、および方法を概説します。

【第2章】 モデルプランの概要と設計方針
　演習の対象となるモデルプランの概要と1次設計、2次設計の結果および設計方針を示します。なお、1次設計の詳細は【許容応力度計算編】を、2次設計の詳細は、【保有水平耐力計算編】を参照してください。
　モデルプランに対して限界耐力計算を適用する際の設計方針をこの章の末尾に示します。

【第3章】 限界耐力計算方法の流れ
　限界耐力計算の計算フローに基づいて計算の内容を解説します。

【第4章】 建築物に要求される性能
　演習を交えながら、損傷限界状態と安全限界状態で必要とされる耐力の計算を行います。

【第5章】 各限界状態時の耐力・応答の評価と性能の検証
　損傷限界時の損傷限界耐力を定量的に評価する方法を述べ、また、安全限界時の安全限界耐力と応答値の計算を行います。

【第6章】 保証設計
　保証設計として、各部材がせん断破壊しないこと、建築物が層崩壊しないことの確認を行います。

【第7章】 付録
　応答スペクトルの解説、多層建築物の地震時の揺れ方、揺れ方の単純化について解説します。

Ⅲ. 本書の使い方

　第4章以降の各章では、おおよそ次のような流れで学習するようになっています。「本文」を読むことから「解答例」を確認するまでを、本書に従って順にやってみてください。
　① 読　　む　「本文」…その項目で学習する用語の説明や、設計方法の解説をしています。
　② 習　　う　「ひとりでやってみよう」（演習解説）…演習シートを用いた計算方法の解説です。
　③ 計算する　「演習シート」…綴じ込みの演習シートを使って実際に計算します。
　④ 確認する　「解答例」…巻末の演習シートの解答例を見て計算結果を確認します。

■「ひとりでやってみよう」と演習シートについて

　本書の特徴は「演習」を中心に構成しているところです。「ひとりでやってみよう」が演習に該当します。計算が必要になりますので電卓をご用意ください。
　「ひとりでやってみよう」では、綴じ込みの演習シートを使用します。本書と演習シートは「教科書とノート」のような関係になっています。本書の「ひとりでやってみよう」を読みながら演習シートを使用して、自学・自習してください。
　巻末に解答例を掲載していますので、演習が終了したら確認に利用してください。

■ 本書の表記について

　本書では、適宜、「コーヒーブレイク」で、考え方の注意点などをコラムとして記載していますので参考にしてください。

　また、本書では、以下の名称を省略して使用しています。

正式名称	略称
建築基準法	基準法
建築基準法施行令	施行令
建設省告示	建告＊
国土交通省告示	国交告＊
（一社）日本建築学会「鉄筋コンクリート構造計算規準・同解説」、2010年版	学会RC規準
ひとりで学べるRC造建築物の構造計算演習帳【許容応力度計算編】	【許容応力度計算編】
ひとりで学べるRC造建築物の構造計算演習帳【保有水平耐力計算編】	【保有水平耐力計算編】

＊省略した告示は以下のように示します。
　昭和55年建設省告示第1792号 → 昭55建告第1792号
　平成19年国土交通省告示第593号 → 平19国交告第593号

Ⅳ. 注意事項

■ 実務との相違

　現状の実務では、通常の構造計算はコンピュータプログラムによる一貫計算で処理される場合がほとんどです。それにも関わらず、本書では、電卓を用いた手計算によって、時間をかけて構造計算を順次に進めてもらいます。
　その理由は、コンピュータ処理では見落としがちな構造計算の流れや背景を把握し、計算過程における各項目の意図や目的を理解していただくためです。そこで、手計算を可能とするために多くの仮定や簡略化を用いた箇所があります。ただし、実務における対象建築物によっては適切でないケースもありますのでご注意ください。本書の目的をご理解いただき、コンピュータ処理による出力を鵜呑みにすることなく、結果を適切に判断できる能力の向上に役立てていただければ幸いです。

■ 計算の精度

　本書の計算例や演習の解答において、数値の下位の部分で計算式による計算結果と僅かにずれている箇所があります。これらは、計算時の有効桁数の扱いに起因するものであり、結果に本質的な影響はありません。演習時には、自らの計算結果の数値と本書の値との些末な差異に拘泥することなく、計算の意図を理解し、流れを把握することを重視してください。

第 1 章

第1章 限界耐力計算とは

第2章 モデルプランの概要と設計方針

第3章 限界耐力計算方法の流れ

第4章 建築物に要求される性能

第5章 各限界状態時の耐力・応答の評価と性能の検証

第6章 保証設計

第7章 付録

1. 限界耐力計算とは

1.1　1自由度系の地震応答

　建築構造物の地震による振動の性質（地震応答）を考えるために、図 1.1-1 に示すような質量 M の質点とばね定数 K の水平ばねから構成される系を考えます。このようなモデルを 1 自由度系と呼んでおり、振動を考えるためのもっとも単純で基本的なモデルです。実際の建築物の振動は、より複雑ですが、適切に 1 自由度系にモデル化することで、地震応答の主要な性質を表現することができます。この方法については、7.3 節で詳しく説明します。

　弾性ばねを有する 1 自由度系の振動の固有周期 T（質点が左右に 1 回揺れて元に戻るまでの時間。この時間は、質量 M とばね定数 K の関係で決まります。）は、式 1.1.1 で求めることができます。

$$T = 2\pi\sqrt{\frac{M}{K}} \tag{1.1.1}$$

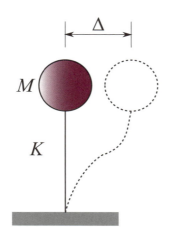

図 1.1-1　1 自由度系

　地震による地表の揺れ（地震動）は、0.1 秒以下の短い周期から数秒の長い周期まで、様々な周期の揺れを含んでいます。建築物の固有周期 T と地震動に多く含まれる成分が一致すると建築物の揺れが大きくなります（これを"共振現象"と呼びます）。地震動は、震源でどのように地震が発生するか、その敷地の地盤がどのような特性か、など種々の要因によって卓越する振動の周期が変わってきます。そこで、建築物にどのような大きさの応答（加速度、速度、変形）が生じるかを調べるためには、地震応答解析を行うことになります。図 1.1-2 は、固有周期 $T=1.17$ 秒の弾性 1 自由度系の応答と時間の関係のグラフです（これらの計算方法の詳細は、7.1 節を参照してください）。これを見ると、この 1 自由度系は、概ね固有周期 $T=1.17$ 秒で振動していることが分かります。固有周期 T を変えて、同様の地震応答解析を行うと、その周期 T に対する応答の様子や最大値が分かります。

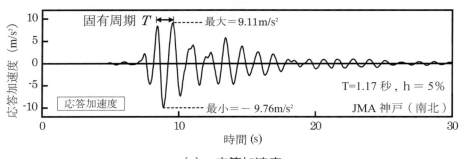

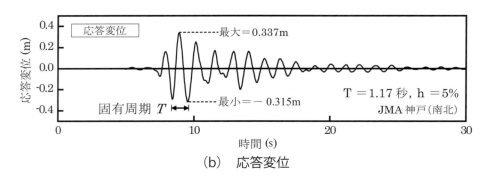

図 1.1-2　JMA 神戸波南北成分に対する応答の時刻歴波形（固有周期 T=1.17 秒）

　建築物の構造設計を行う場合には、地震による振動の間に発生する最も大きな応答（最大応答）が有用で、最大応答に対して建築物が壊れないように計算などを行います。そのためには、図 1.1-3 に示す地震応答スペクトルを用いるのが便利です。地震応答スペクトルとは、建築物（弾性1自由度系）の固有周期をパラメータとして地震応答解析を行い、最大応答（加速度、速度、変位）を調べてグラフにしたものです。このグラフを利用すると、建築物の固有周期が分かれば、地震応答解析をしなくても、最大応答を求めることができます。例えば、図 1.1-2 に示した固有周期 T=1.17 秒の建築物の応答加速度と応答変位の最大値は、減衰定数 5%の場合、それぞれ 9.76m/s^2 と 0.337m であることが図 1.1-3 の応答スペクトルのグラフから見てとれます。

　図 1.1-3 に示しているように、応答スペクトルの値は、減衰定数 h の値により異なります。減衰とは、建築物が振動するときに、部材内部や部材同士の摩擦、部材に生じる損傷（ひび割れや降伏）などで振動エネルギーが吸収されたり、振動エネルギーが建築物から地盤へ逃げていくなどして、地震による建築物の振動が低下する現象です。減衰が大きければ、その分だけ最大応答が小さくなります。その効果を減衰定数 h で表します。オイルダンパーや鋼材ダンパーなどエネルギー吸収装置を付けて、建築物の減衰定数 h を大きくして応答を低下させるというのが、制震構造システムの基本的な原理です。また、一般的な耐震構造では、構造部材が塑性化して履歴ループを描くとエネルギー吸収するので、塑性化に伴い減衰定数 h が大きくなります。

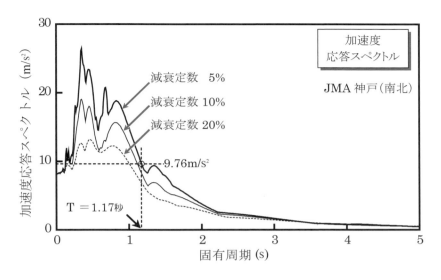

(a) 加速度応答スペクトル

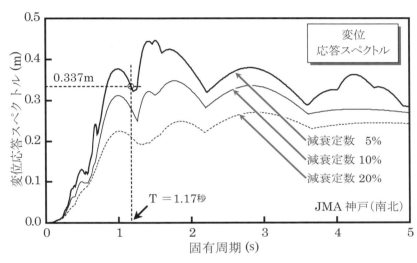

(b) 変位応答スペクトル

図 1.1-3　JMA 神戸波南北成分に対する地震応答スペクトル

1.2　限界耐力計算の概要と背景

　限界耐力計算は、等価線形化法とも呼ばれるように、建築物の非線形の挙動は「等価な線形の1自由度系」で表わされるという考え方を基本としています。これは、コンクリートのひび割れや鉄筋の降伏など塑性化して損傷を受けた建築物の等価な周期 T_{eq} と等価な減衰定数 h_{eq} が分かれば、等価な線形1自由度の解析によりその応答が予測できる、つまり、1.1 節で示した線形の1自由度系の応答スペクトルを用いて応答が予測できるという考えに基づいた方法です。こういった建築物の応答予測のアイデアは、古くは 1970 年頃から、アメリカを中心に提案され始めていました。

　地震の最中には、建築物は塑性化の進展に伴い時々刻々と振動特性が変化しながら立体的に振動しています。一般的に建築物の地震応答の計算では、図 1.2-1 のように、地震による水平力が建築物の各階の床位置に作用すると考えます。それにより、各階が水平に移動して建物が変形します。各階の質量を1つの質点に

置換し、各階の変形を表すモデルをせん断多質点系モデルと呼びます。このせん断多質点系の挙動（7.2 節を参照）は、振動論におけるモード分解の考え方をベースにして、図 1.2-2 のように等価な 1 つの自由度に縮約することができます。こうして、建築物全体の非線形挙動は、一つの質点の非線形挙動に置き換えることができます。

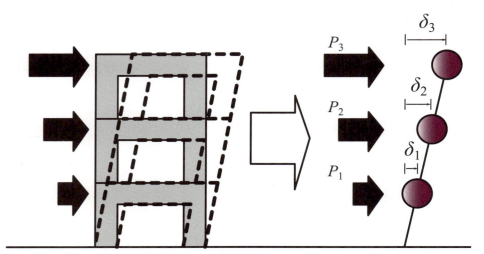

(a) 地震力が作用する多層建築物　　　(b) せん断多質点系モデル
図 1.2-1　建築物のせん断多質点系へのモデル化

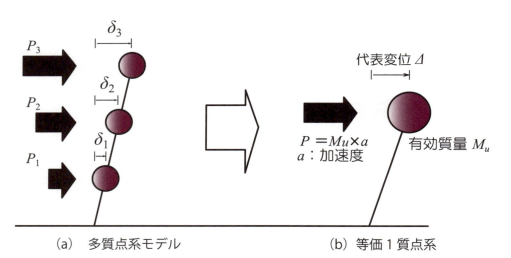

(a) 多質点系モデル　　　　　　　　　(b) 等価 1 質点系
図 1.2-2　1 自由度系への縮約

建築物の非線形挙動を 1 自由度系に縮約して、作用する地震力と変形の関係を描くと、例えば図 1.2-3 のようになります。この曲線は、「性能曲線」と呼ばれます。この非線形挙動の中で、限界耐力計算では、使用上有害な損傷が初めて発生する損傷限界状態、建築物のある部材が建築物を支える上で限界の状態に初めて達する安全限界状態の 2 つの限界状態を対象として、その性能（耐力と変形能力）が地震応答を上回ることを確認します。損傷限界状態の検討は、許容応力度計算における短期荷重時、安全限界状態の検討は、保有水平耐力の確認と対応します。

一方、図 1.1-3(a) で示した加速度応答スペクトル a に建築物の有効質量 M_u を乗じると、建築物に作用する地震力 P を求めることができます。

$$P = M_u \cdot a$$

それぞれの固有周期 T に対して、加速度応答から求めた地震力 P と最大応答変位 d の関係を求めて図示したものが図 1.2-4 です。この曲線は「要求曲線」と呼ばれます。損傷限界状態が対象とする地震の大きさは、図 1.2-4 に示す「稀に発生する地震動」であり、安全限界状態が対象とする地震の大きさは、「極めて稀に発生する地震動」です。

上で説明した「性能曲線」と「要求曲線」を図 1.2-5 に示すように重ね合わせたときの2つの曲線の交点が、地震力に対して予測される応答点となります。ただし、安全限界状態では、建築物の損傷が進んでいる場合は、その損傷に応じたエネルギー吸収が行われ、変形が大きくなるに従い減衰定数 h_{eq} が大きくなるため、図 1.2-5 に示すように要求値を低減することができます（図 1.1-3 に示した応答スペクトルの値が、減衰定数 h の増加とともに低下するため）。このような計算に基づいて、損傷限界状態および安全限界状態で予測される応答値とそれぞれの限界状態点の関係を調べ、応答値が限界状態点に達していなければ所要の耐震性能を保有すると判断します。

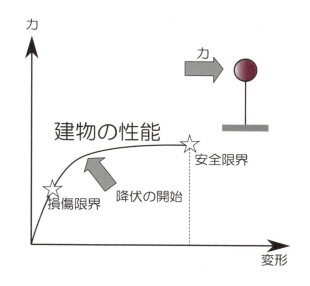

図 1.2-3　縮約された建築物の非線形挙動（性能曲線）

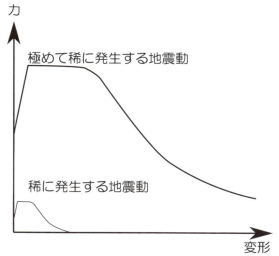

図 1.2-4　地震力の大きさ（要求曲線）

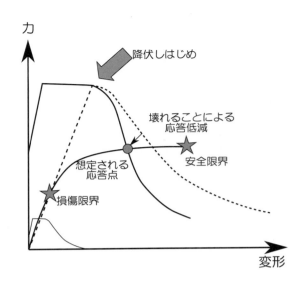

図 1.2-5　応答点の予測

　以上のように、限界耐力計算では想定する地震動に対する応答値、特に変位が求まることが大きな特徴です。この変位に応じて各部材の部材角も計算できるため、より詳細に部材の限界状態を検討することも可能となります。また、建築物に想定した限界状態に対する余裕度も陽に評価できるため、「性能照査型の耐震性能評価法」と言うことができます。世界を見ると、国際標準規格（ISO）では、TC71においてコンクリート構造の性能照査型検証指針　ISO19338が制定されています。この限界耐力計算の基となっている等価線形化法は、このISO19338に合致する方法として認証されることが望まれています。

　限界耐力計算は、以上のように地震時の建築物の応答を予測する方法であり、時刻歴応答解析にも近い評価方法です。逆にそれが理由で、建築物のモデル化や部材特性の評価はできるだけ精確である必要があり、その誤差が直接応答評価に影響します。構造計算で想定している建築物の損傷状態が現実と異なることがないよう、部材のみならず、建築物の崩壊形式を保証するような建築物全体の保証設計も必要となります。

1.3　法律上の位置づけ

　限界耐力計算は、平成12年（西暦2000年）の建築基準法の改正で追加されました。同法第20条および同施行令第81条により、高さが31mを超える建築物では、保有水平耐力計算、限界耐力計算またはこれと同等以上に安全性を確かめることができるものとして国土交通大臣が定める基準に従った構造計算による必要があります。また、同施行令82条の5に、限界耐力計算では地震時には損傷限界状態および安全限界状態において検討することが定められています。

　もう一つ重要なことに、「耐久性等関係規定」というものがあります。限界耐力計算は、保有水平耐力計算よりも、より詳細な構造計算方法と位置づけられているため、この計算方法を用いた場合、仕様規定の一部は免除されることとなります。逆に、免除されない仕様規定は、建築物の耐久性などに関連する、きわめて重要な規定として、「耐久性等関係規定」と呼ばれており、施行令第36条に規

定されています。例えば、

(1) 構造設計の原則／建築物の構造設計に当たっては、その用途、規模及び構造の種別ならびに土地の状況に応じて柱、はり、床、壁等を有効に配置して、建築物全体が、これに作用する自重、積載荷重、積雪荷重、風圧、土圧及び水圧ならびに地震その他の震動及び衝撃に対して、一様に構造耐力上安全であるようにすべきであること。
(2) 基礎／建築物の基礎は、建築物に作用する荷重及び外力を安全に地盤に伝え、かつ、地盤の沈下または変形に対して構造耐力上安全なものとしなければならないこと。
(3) コンクリートの材料／コンクリートの骨材や水、混和材料などが施行令第72条を満足すること。
(4) コンクリートの強度／コンクリートの4週圧縮強度は、$12N/mm^2$（軽量骨材を使用する場合においては、$9N/mm^2$）以上であること。
(5) コンクリートの養生／コンクリートの打込み中及び打込み後5日間は、コンクリートの温度が2℃を下らないようにし、かつ、乾操、震動等によってコンクリートの凝結及び硬化が妨げられないように養生しなければならないこと。
(6) 構造耐力上主要な部分に係る型わく及び支柱は、コンクリートが自重及び工事の施工中の荷重によって著しい変形またはひび割れその他の損傷を受けない強度になるまでは、取りはずしてはならないこと。
(7) 鉄筋のかぶり厚さ／鉄筋に対するコンクリートのかぶり厚さは、耐力壁以外の壁または床にあっては2cm以上、耐力壁、柱または、はりにあっては3cm以上、直接土に接する壁、柱、床若しくは、はりまたは布基礎の立上り部分にあっては4cm以上、基礎（布基礎の立上り部分を除く。）にあっては捨コンクリートの部分を除いて6cm以上としなければならないこと。

などがあります。

1.4　限界耐力計算の特徴と本書で取り上げる例題の位置づけ

　ここまでに述べてきたように、本書で対象とする限界耐力計算法は、地震応答スペクトルに基づいて、地震時の建築物の応答加速度と応答変位を求める方法です。地震動から決まる要求曲線は、図1.2-5に示したように建築物の振動周期が長くなり応答変位が大きくなるに従い、応答加速度、すなわち、建築物に要求されるせん断力係数が低くなるという性質があります。したがって、高さが低く周期の短い建築物に対しては、比較的高いせん断力係数を要求し、逆に高層の建築物に対しては必要なせん断力係数が低くなる傾向があります。このような性質から、低層建築物に対しては、従来の保有水平耐力計算（【保有水平耐力計算編】）により設計を行うことが一般的で、限界耐力計算は比較的変形能力の高い中高層建築物の設計に用いることで、そのメリットを発揮することができると考えられます。

　本書の2章以降では、姉妹書である、【許容応力度計算編】、【保有水平耐力計算編】で扱ったものと同じ2層RC造建築物を対象に、限界耐力計算法による構

造設計の流れを解説し演習を行います。これは読者に計算の流れを理解していただき、演習を進めやすくするために、姉妹書と同じ建築物を対象としたものであり、実際の構造設計において、低層建築物に限界耐力計算法の適用を推奨しているわけではありません。

コーヒーブレイク　【保有水平耐力計算との比較　～　崩壊メカニズムと解析終了点】

　保有水平耐力計算では、保有水平耐力 Q_u が必要保有水平耐力 Q_{un} を上回ることを確認します。概念としては耐力のみで、剛性や変形を直接考慮していません。必要保有水平耐力 Q_{un} を計算するのに必要な部材種別判定は、建築物が崩壊メカニズムを形成したとき（図1(a)）の応力に基づいて行うこととされています。これは、変形の概念がないため、建築物全体が終局状態に到達し、それ以上の応力にならない状態を想定せざるを得ないためです。しかし、建築物全体の応力を荷重増分解析で求める場合、最上階など崩壊メカニズムを形成できない部分がどうしても残る場合があります。これは、最小配筋規定などの仕様規定で部材強度が決定し、層の強度分布が Ai 分布など解析に用いている外力分布と一致していないことに起因します。解析上は、更に変形が大きくなるまで解析してもなかなか降伏ヒンジの数が増えず、それどころか部材モデルに採用した非常に小さな降伏後の剛性の影響で、過ヒンジ状態（一つの節点に必要以上の降伏ヒンジが生じる状態）となる節点が出てくる可能性もあります。こうなると、解析精度そのものの信頼性も揺らいできますが、評価方法自体に変形の概念がないため、崩壊形メカニズムが形成されていない途中の状態で荷重増分解析を終了する理由付けが難しくなります。そのため、余耐力法などを用いて、未崩壊部分の崩壊メカニズムを別途求める必要がありました。

　一方、図2に示すように、限界耐力計算では、耐力とともに変形の概念を陽に考慮しています。部材のいずれかが最初に安全限界状態に達するまで荷重増分解析を実施すればよく、必ずしも崩壊メカニズムを形成させる必要はありません。

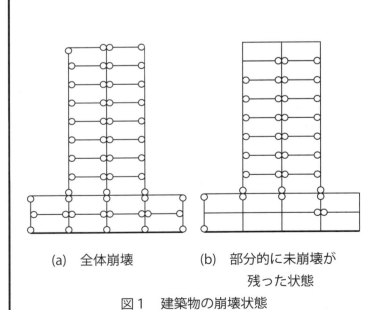

(a)　全体崩壊　　(b)　部分的に未崩壊が残った状態

図1　建築物の崩壊状態

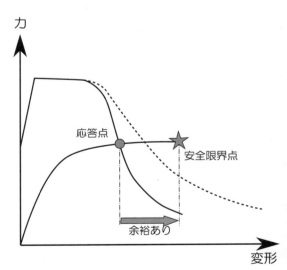

図2　限界耐力計算の概念

第 2 章

モデルプランの概要と設計方針

2. モデルプランの概要と設計方針

2.1 モデルプランの概要

本書の演習において構造計算の対象とする建築物（以下、「モデルプラン」と呼びます。）の概要を表 2.1-1 にまとめます。

このモデルプランは【許容応力度計算編】および【保有水平耐力計算】で対象としたものと同一です。同書では、建築基準法・同施行令および関連告示、学会RC規準に従い、この建築物の1次設計および2次設計を行いました。以下にその内容を抜粋します。

表 2.1-1　建築物概要

建築物用途	事務所	
建設地	神奈川県横浜市	
構造種別	鉄筋コンクリート造	
構造形式	ラーメン構造	
規　模	2階建て（塔屋なし、地下階なし）	
	桁行方向	18（m）　3スパン
	張間方向	12（m）　2スパン
	建築面積	216（m²）
	延床面積	432（m²）
	階　高	1階：3.8（m）　2階：3.5（m）
地　盤	良質の堅い関東ローム（第二種地盤）	
基　礎	直接基礎（GL − 1,200（mm）に支持地盤）	

使用材料であるコンクリートと鉄筋の種類と、それぞれの許容応力度を表 2.1-2 にまとめます。このモデルプランの基準階平面図を図 2.1-1 に、各方向の断面図を図 2.1-2 と図 2.1-3 にそれぞれ示します。また、伏図に部材記号を併せて図 2.1-4 に、Y方向ラーメンの断面詳細を図 2.1-5 に示します。

表 2.1-2　コンクリートと鉄筋の種類と許容応力度
- コンクリート：　普通コンクリート、設計基準強度 $F_C = 24\text{N/mm}^2$
- 鉄　　　筋：　SD345（D16以上 D25以下）
  　　　　　　　SD295（D13以下）

許容応力度（N/mm²）

材料	種類	基準強度 F	長期					短期					付着割裂の基準 f_b	
			圧縮 rf_c f_c	引張 f_t	せん断 wf_t f_s	付着 f_a		圧縮 rf_c f_c	引張 f_t	せん断 wf_t f_s	付着 f_a		曲げ材上端	その他
						曲げ材上端	その他				曲げ材上端	その他		
鉄筋	SD345	345	215	215	195	1.54	2.31	345	345	345	2.31	3.46	1.2	1.5
	SD295	295	195	195	195			295	295	295				
コンクリート	普通	24	8.0	—	0.73			16.0	—	1.09				

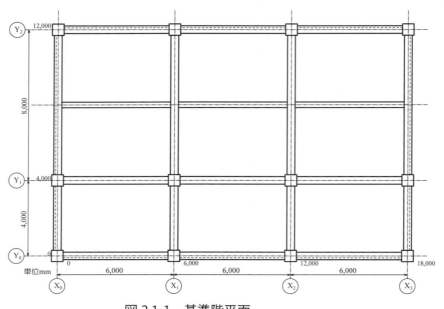

図 2.1-1　基準階平面

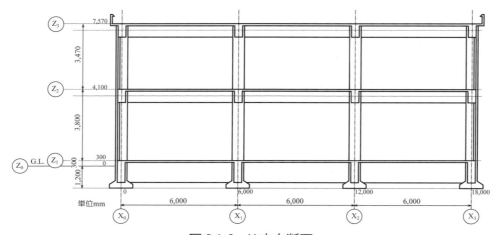

図 2.1-2　X 方向断面

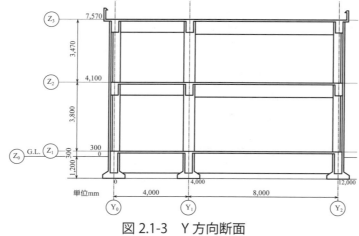

図 2.1-3　Y 方向断面

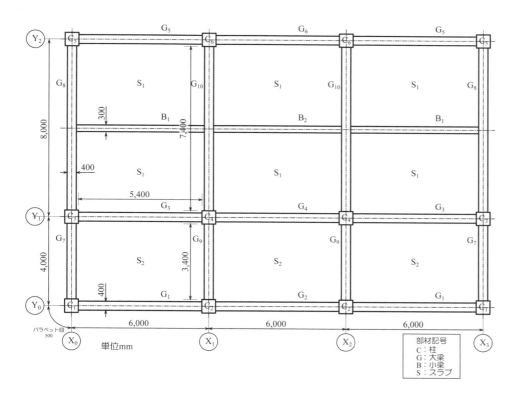

図 2.1-4 伏図と部材記号

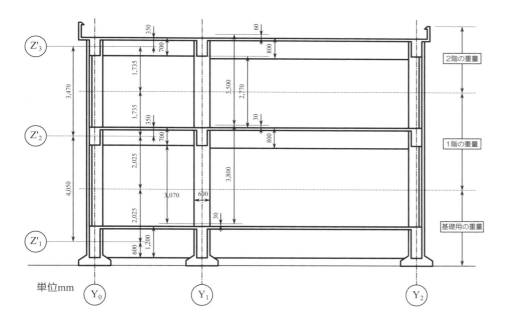

図 2.1-5 Y方向ラーメンの断面詳細

このモデルプランの1次設計として、常時の鉛直荷重に対する長期許容応力度計算、および地震力を考えた短期許容応力度計算を行いました。計算過程の例示として、各部材の剛比を図2.1-6に、鉛直荷重によって柱に作用する長期の軸力を図2.1-7に示し、設計用地震層せん断力の算定結果を表2.1-3にまとめます。なお、同表中に標準層せん断力係数（C_0）を1.0として求めた必要保有水平耐力計算用の地震層せん断力（Q_{ud}）を併せて記載します。

　計算の仮定として、基礎梁は剛と考えて、鉛直荷重時の応力を固定法によって算定しました。水平荷重時の応力解析にはD値法を用いました。各柱について、方向毎のD値を図2.1-8にまとめます。各構面について、鉛直荷重時の応力分布を図2.1-9に、水平荷重時（$C_0 = 0.2$）の応力分布を図2.1-10に示します。

　長期および短期荷重時の応力を考慮して、各部材の配筋を決定しました。表2.1-4～表2.1-7に各部材の詳細を示します。また、床スラブ（S_2）の配筋を図2.1-11に、架構詳細の例示としてY_1ラーメンの配筋を図2.1-12に示します。

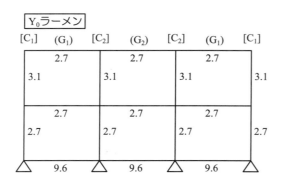

図2.1-6　柱と梁の剛比

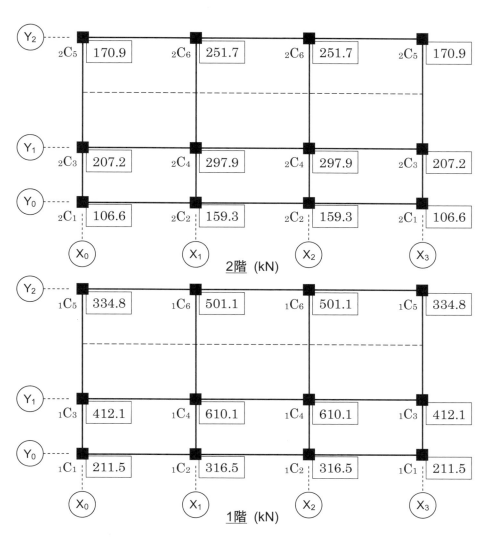

図 2.1-7　柱の長期軸力

表 2.1-3　設計用地震層せん断力の算定

階 i	W_i (kN)	ΣW_i (kN)	α_i	A_i	許容応力度計算用 (C_0=0.2)			保有水平耐力計算用 (C_0=1.0)		
					C_i	Q_i (kN)	P_i (kN)	C_i	Q_{udi} (kN)	P_{ui} (kN)
2	2,227	2,227	0.508	1.187	0.237	529	529	1.187	2,643	2,643
1	2,157	4,384	1.000	1.000	0.200	877	348	1.000	4,384	1,741

W_i　：層重量

α_i　：最上階から i 層までの重量の和を全重量で除した値

A_i　：地震層せん断力の分布係数　　$A_i = 1 + \left(\dfrac{1}{\sqrt{\alpha_i}} - \alpha_i \right) \cdot \dfrac{2T}{1+3T}$

T　：建築物の設計用1次固有周期、$T = 0.02h = 0.152$（秒）

h　：建築物の高さ、$h = 7.57$（m）

C_i　：地震層せん断力係数、$C_i = Z \cdot R_t \cdot A_i \cdot C_0$

Z　：地域係数、$Z = 1.0$（神奈川県）

R_t　：振動特性係数、$R_t = 1.0$（地盤の卓越周期 $T_C = 0.6 > T$ より）

C_0　：標準層せん断力係数、許容応力度計算時 $C_0 \geqq 0.2$

memo

層の重量 W_i を質量 M_i にすると、2階 $M_2 = 227$ton、1階 $M_1 = 220$ton となります。

必要保有水平耐力計算時 $C_0 \geqq 1.0$

Q_i ：許容応力度計算用の地震層せん断力
P_i ：許容応力度計算用の外力
Q_{udi}：標準せん断力係数 $C_0=1.0$ による i 階の層せん断力
P_{ui}：保有水平耐力計算用の外力

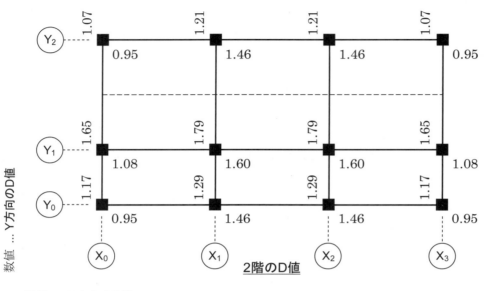

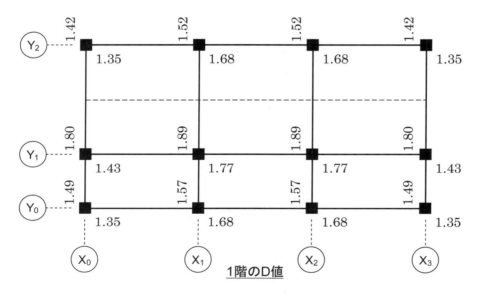

図 2.1-8　柱の D 値

[鉛直荷重時の応力]　　　数値；曲げモーメント (kN·m)　（数値）；せん断力 (kN)

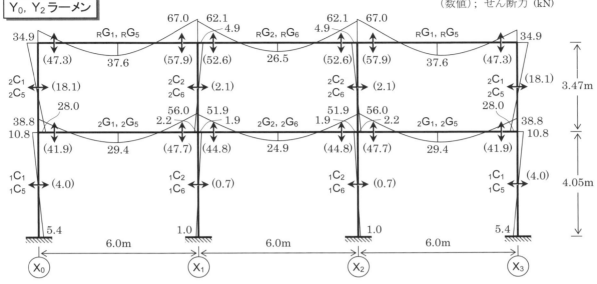

図 2.1-9 (a) 鉛直荷重時の応力 ＜Y_0、Y_2 ラーメン＞

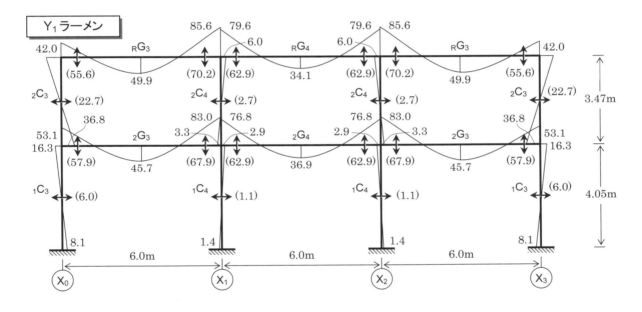

図 2.1-9 (b) 鉛直荷重時の応力 ＜Y_1 ラーメン＞

[鉛直荷重時の応力]　　数値；曲げモーメント (kN·m)
　　　　　　　　　　　　（数値）；せん断力 (kN)

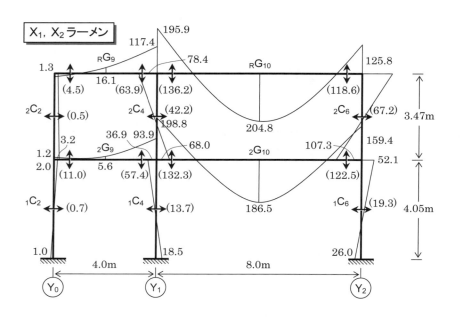

図 2.1-9 (c) 鉛直荷重時の応力 ＜ X_0、X_3 ラーメン＞

図 2.1-9 (d) 鉛直荷重時の応力 ＜ X_1、X_2 ラーメン＞

[水平荷重（$C_0 = 0.2$）時の応力]

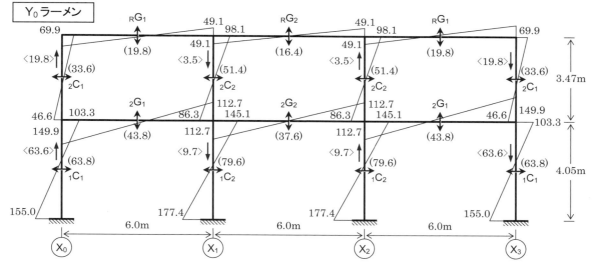

図 2.1-10 (a) 水平荷重時の応力 ＜Y_0 ラーメン＞

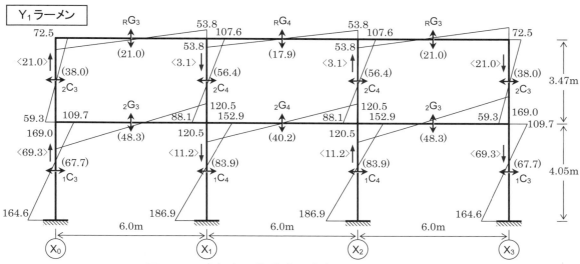

図 2.1-10 (b) 水平荷重時の応力 ＜Y_1 ラーメン＞

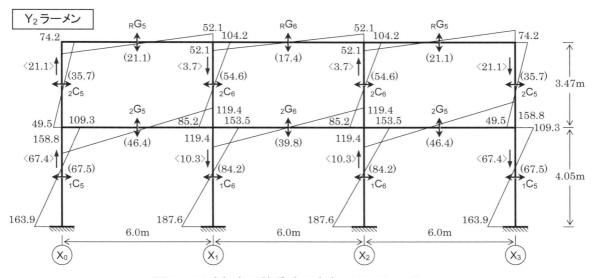

図 2.1-10 (c) 水平荷重時の応力 ＜Y_2 ラーメン＞

[水平荷重（$C_0 =0.2$）時の応力]　数値　；曲げモーメント (kN·m)
　　　　　　　　　　　　　　　　　（数値）；せん断力 (kN)
　　　　　　　　　　　　　　　　　〈数値〉；軸力 (kN)

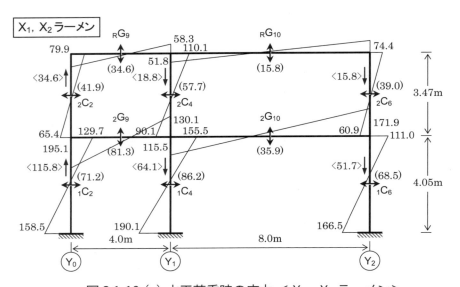

図 2.1-10（d）水平荷重時の応力 ＜X_0、X_3 ラーメン＞

図 2.1-10（e）水平荷重時の応力 ＜X_1、X_2 ラーメン＞

表 2.1-4　大梁断面詳細

梁記号	位置	断面図	幅×せい	上端筋	下端筋	あばら筋	腹筋
R階 $_RG_1 \sim _RG_6$	端部		400×700(mm)	3-D22	2-D22	□D10@150	2-D10
R階 $_RG_1 \sim _RG_6$	中央		400×700(mm)	2-D22	3-D22	□D10@150	2-D10
R階 $_RG_7$、$_RG_9$	端部		400×700(mm)	3-D22	2-D22	□D10@150	2-D10
R階 $_RG_7$、$_RG_9$	中央		400×700(mm)	2-D22	3-D22	□D10@150	2-D10
R階 $_RG_8$	端部		400×800(mm)	3-D22	2-D22	□D10@150	2-D10
R階 $_RG_8$	中央		400×800(mm)	2-D22	3-D22	□D10@150	2-D10
R階 $_RG_{10}$	外端部		400×800(mm)	3-D22	2-D22	□D10@150	2-D10
R階 $_RG_{10}$	中央		400×800(mm)	2-D22	4-D22	□D10@150	2-D10
R階 $_RG_{10}$	内端部		400×800(mm)	4-D22	2-D22	□D10@150	2-D10
2階 $_2G_1 \sim _2G_6$	端部		400×700(mm)	3-D22	2-D22	□D10@150	2-D10
2階 $_2G_1 \sim _2G_6$	中央		400×700(mm)	2-D22	3-D22	□D10@150	2-D10
2階 $_2G_7$、$_2G_9$	外端部		400×700(mm)	3-D22	2-D22	□D10@150	2-D10
2階 $_2G_7$、$_2G_9$	中央		400×700(mm)	2-D22	3-D22	□D10@150	2-D10
2階 $_2G_7$、$_2G_9$	内端部		400×700(mm)	3-D22	2-D22	□D10@150	2-D10
2階 $_2G_8$	端部		400×800(mm)	3-D22	2-D22	□D10@150	2-D10
2階 $_2G_8$	中央		400×800(mm)	2-D22	3-D22	□D10@150	2-D10
2階 $_2G_{10}$	端部		400×800(mm)	4-D22	2-D22	□D10@150	2-D10
2階 $_2G_{10}$	中央		400×800(mm)	2-D22	4-D22	□D10@150	2-D10

表 2.1-5 柱の断面詳細

柱記号	全柱
断面図	(600×600断面図)
幅×せい	600×600(mm)
主筋	8−D22
帯筋	□D10@100

表 2.1-6 小梁の断面詳細

	梁記号	$_RB_1$			$_RB_2$		
	位置	外端部	中央	内端部	端部	中央	端部
R階	幅×せい	300×550(mm)			300×550(mm)		
	上端筋	2−D22	2−D22	3−D22	3−D22	2−D22	3−D22
	下端筋	2−D22	2−D22	2−D22	2−D22	2−D22	2−D22
	あばら筋	□D10@200	□D10@200	□D10@200	□D10@200	□D10@200	□D10@200
	梁記号	$_2B_1$			$_2B_2$		
	位置	外端部	中央	内端部	端部	中央	端部
2階	幅×せい	300×550(mm)			300×550(mm)		
	上端筋	2−D22	2−D22	3−D22	3−D22	2−D22	3−D22
	下端筋	2−D22	2−D22	2−D22	2−D22	2−D22	2−D22
	あばら筋	□D10@200	□D10@200	□D10@200	□D10@200	□D10@200	□D10@200

表 2.1-7 床スラブの断面詳細

	スラブ記号	S_1				S_2			
	方向	短辺方向		長辺方向		短辺方向		長辺方向	
	位置	端部	中央	端部	中央	端部	中央	端部	中央
R階	スラブ厚	130 mm				130 mm			
	配筋 上端	D10・D13@200	D13@400	D10・D13@200	D13@400	D10・D13@200	D13@400	D10・D13@200	D13@400
	配筋 下端	D10@400	D10・D13@200	D10・D13@200	D10・D13@200	D10@400	D10・D13@200	D10・D13@200	D10・D13@200
2階	スラブ厚	130 mm				130 mm			
	配筋 上端	D10・D13@200	D13@400	D10・D13@200	D13@400	D10・D13@200	D13@400	D10・D13@200	D13@400
	配筋 下端	D10@400	D10・D13@200	D10・D13@200	D10・D13@200	D10@400	D10・D13@200	D10・D13@200	D10・D13@200

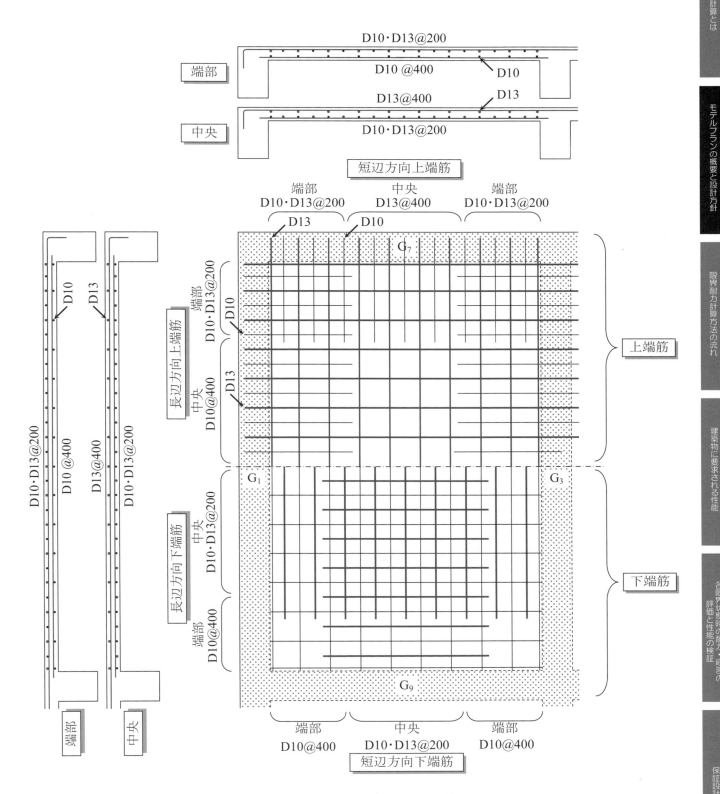

図 2.1-11　床スラブ（S_2）の配筋

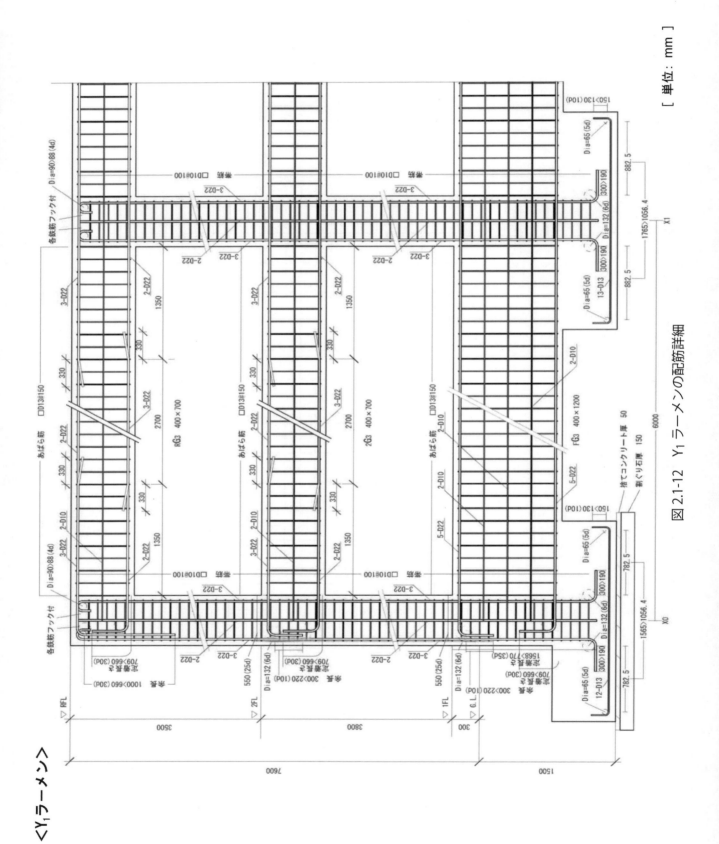

図 2.1-12　Y_1 ラーメンの配筋詳細

このモデルプランの2次設計では、各部材の曲げ終局強度を計算し、節点振り分け法を用いて崩壊メカニズムを求めて、仮想仕事法で保有水平耐力を算出しました。そして、必要保有水平耐力と比較して安全性の確認を行い、保証設計として、節点の曲げ耐力余裕度と部材のせん断余裕度を確認しました。詳細は、【保有水平耐力計算編】を参照してください。

　表2.1-8に仮想仕事法で計算した保有水平耐力の一覧を示します。X方向については、架構が左右対称であるため、水平荷重の作用する向きがどちらの場合も保有水平耐力は同じです。一方、架構が非対称のY方向については、水平荷重の作用する向きによって保有水平耐力が異なります。

　図2.1-13～図2.1-19に節点振り分け法により求めた崩壊メカニズム時応力を示します。各図における曲げモーメントは、部材端部の節点での値である節点モーメントを示しています。厳密には、塑性ヒンジは節点位置ではなく、接合する材の面（＝フェース）位置に発生するため、その位置での値であるフェースモーメントを示して、崩壊メカニズム時の応力とする場合もあります。なお、図2.1-18のX_0、X_3ラーメン（右から左への加力）と図2.1-19のX_1、X_2ラーメン（右から左への加力）では、1つの節点に3つの塑性ヒンジが生じる3ヒンジ状態が見られます。略算法である節点振り分け法では、計算の簡素化のために幾つかの大胆な仮定を設けています。それらの仮定に起因して3ヒンジ状態となった可能性があります。節点振り分け法の詳細については、【保有水平耐力計算編】の第4章をご参照ください。したがって、プッシュオーバー解析等によって架構の精確な崩壊メカニズムを求めれば、同節点に3つの塑性ヒンジが生じないことも考えられます。

表2.1-8　仮想仕事法による保有水平耐力

X方向

加力向き	階	水平荷重 (kN)	保有水平耐力 Q_u (kN)	層せん断力係数
両方	2	1,447.6	1447.6	0.65
(← →)	1	953.6	2,401.2	0.55

Y方向

加力向き	階	水平荷重 (kN)	保有水平耐力 Q_u (kN)	層せん断力係数
左から右へ	2	1,538.6	1,538.6	0.69
(→)	1	1,013.5	2,552.1	0.58
右から左へ	2	1,456.5	1,456.5	0.65
(←)	1	959.4	2,415.9	0.55

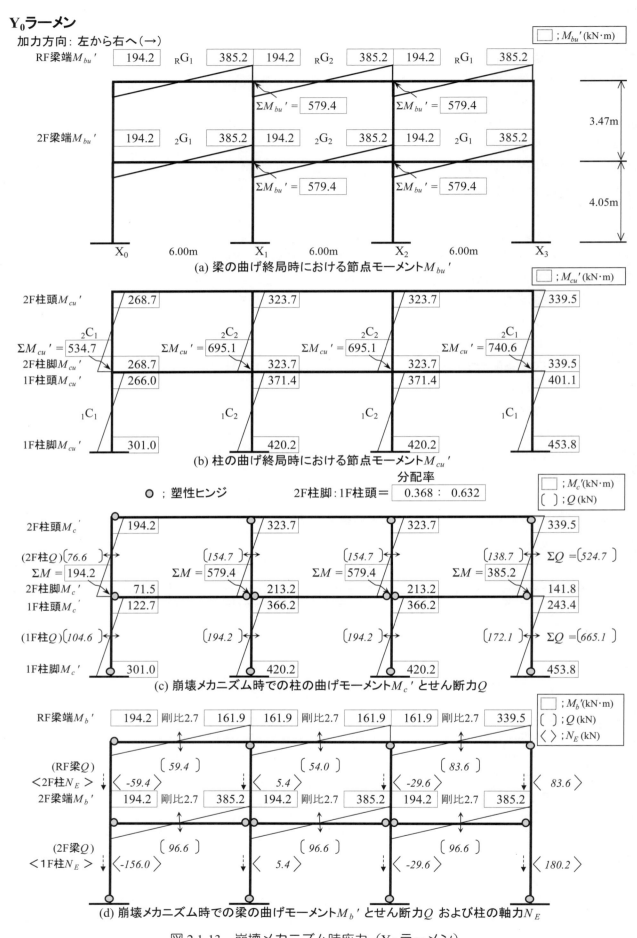

図 2.1-13 崩壊メカニズム時応力（Y_0 ラーメン）

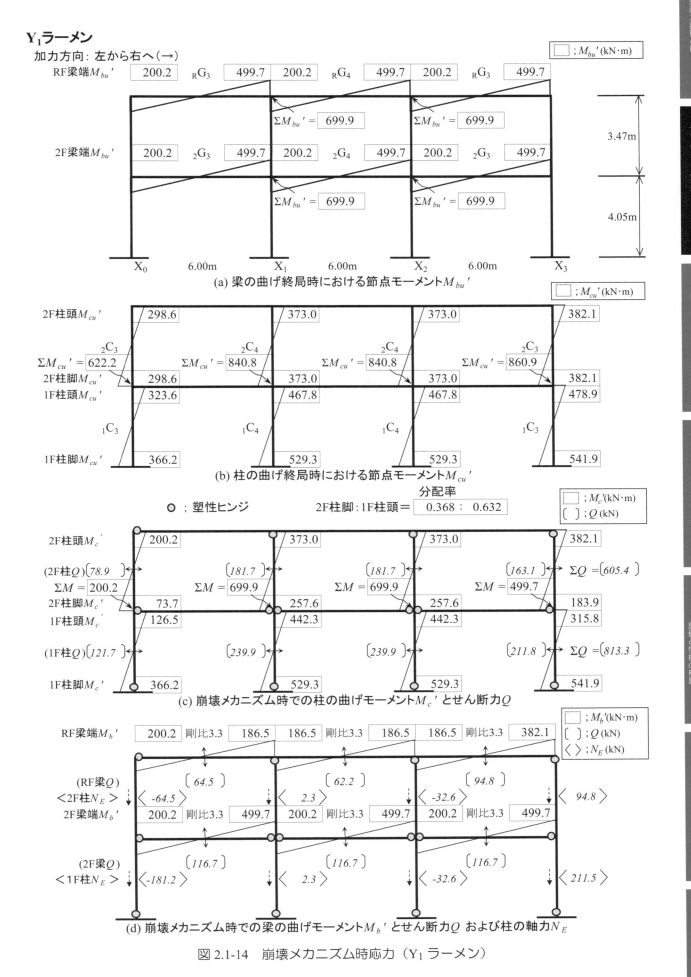

図 2.1-14 崩壊メカニズム時応力（Y_1ラーメン）

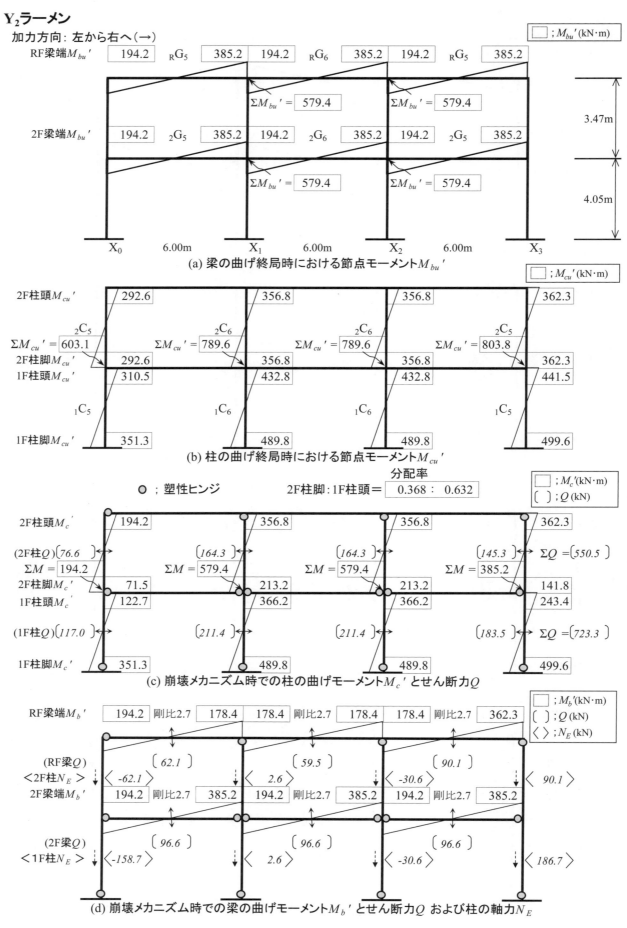

図 2.1-15 崩壊メカニズム時応力（Y_2 ラーメン）

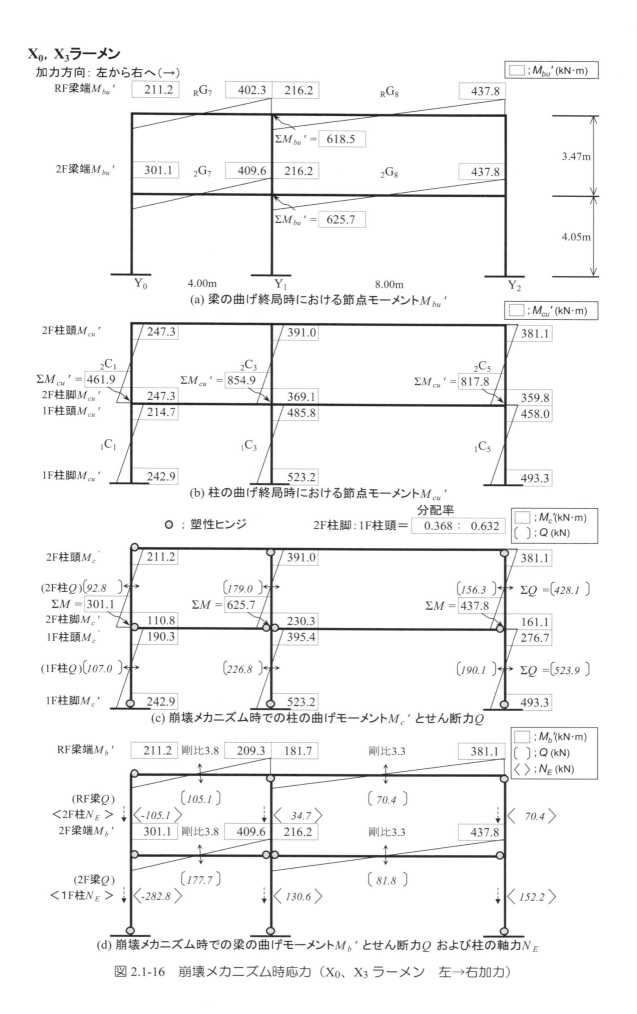

図 2.1-16　崩壊メカニズム時応力（X_0、X_3ラーメン　左→右加力）

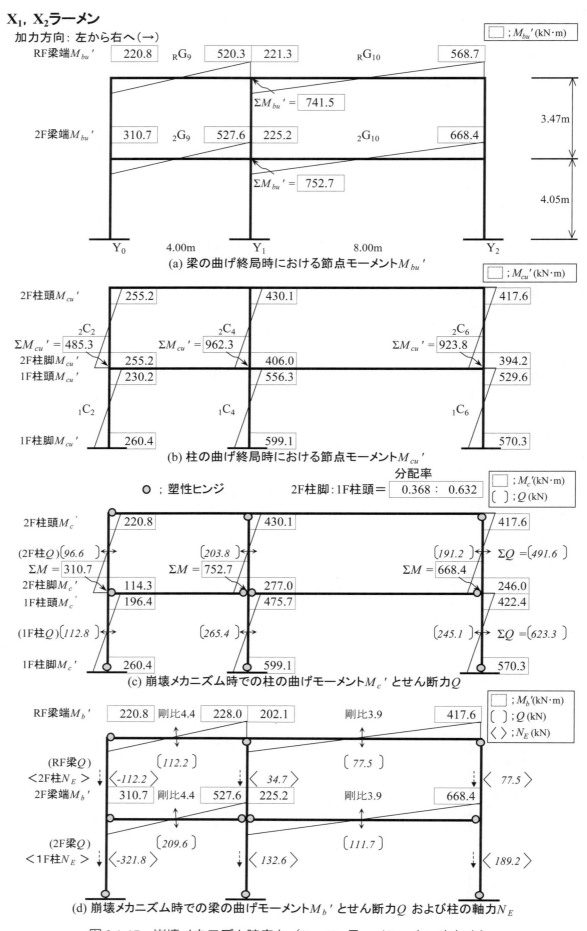

図 2.1-17 崩壊メカニズム時応力（X_1、X_2 ラーメン　左→右加力）

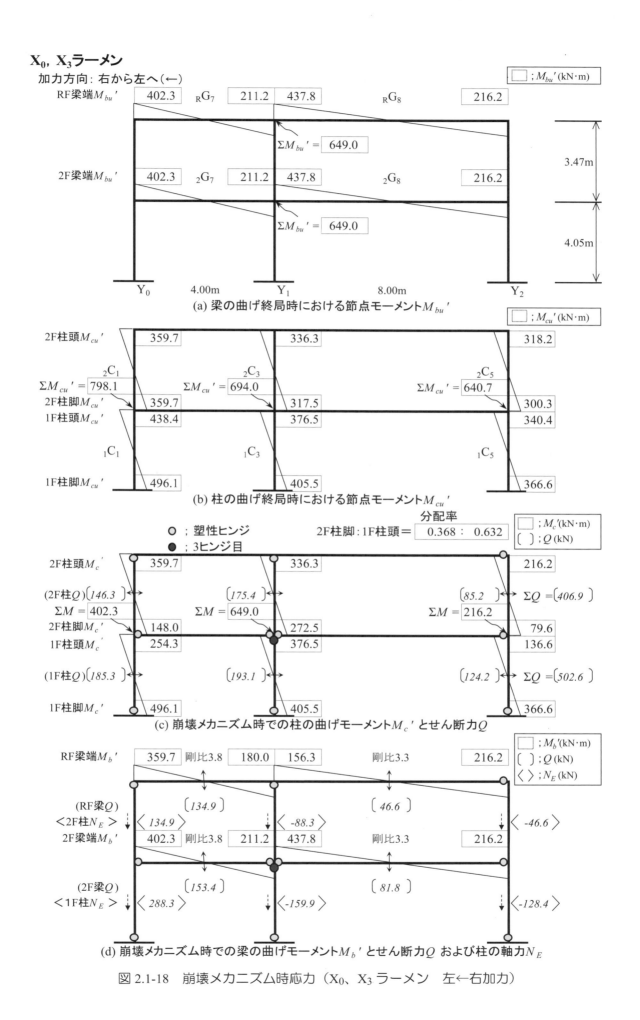

図 2.1-18 崩壊メカニズム時応力（X_0、X_3 ラーメン　左←右加力）

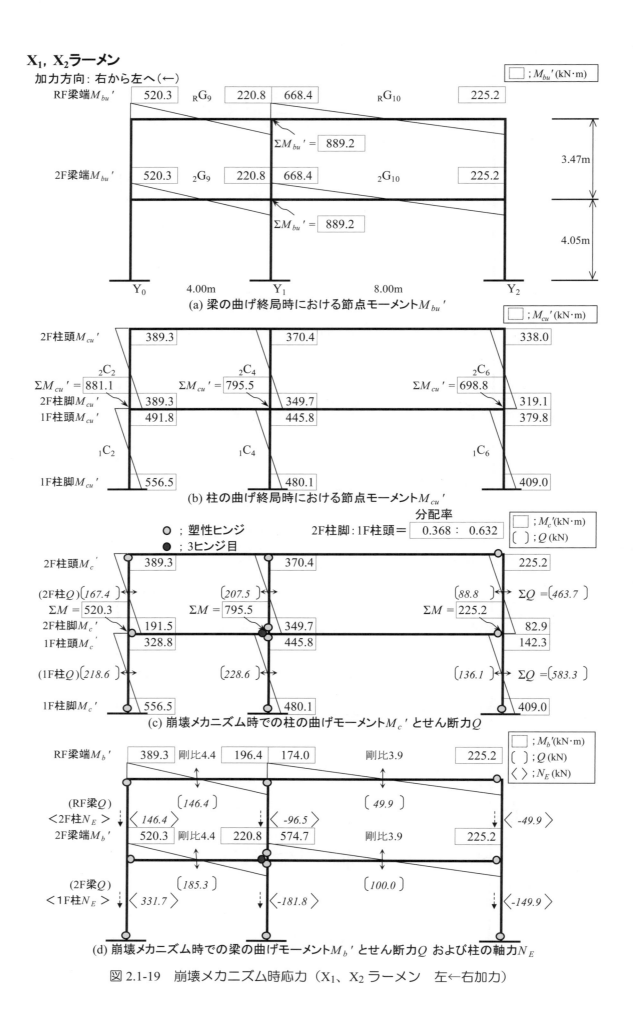

図 2.1-19　崩壊メカニズム時応力（X_1、X_2ラーメン　左←右加力）

図2.1-20に節点の曲げ耐力余裕度を示します。図中の$\sum M_{cu}'$は節点における柱の曲げモーメントの和、$\sum M_{bu}'$は梁の曲げモーメントの和を表し、$\sum M_{cu}' / \sum M_{bu}'$の値が余裕度です。

加力方向：左から右へ（→） ［節点の曲げ余裕度］

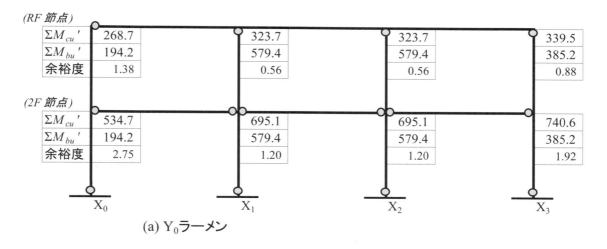

(a) Y_0ラーメン

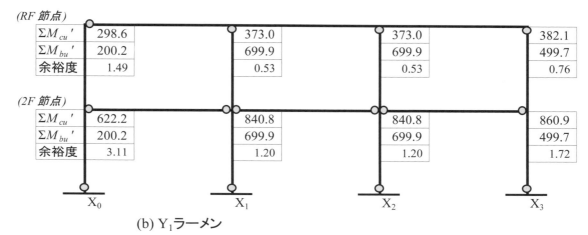

(b) Y_1ラーメン

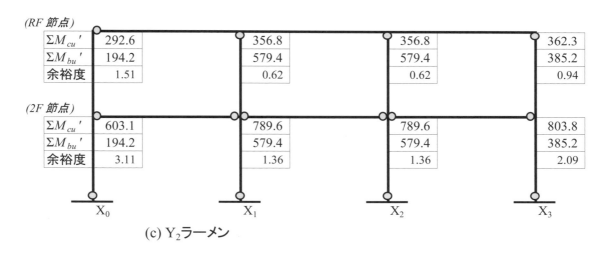

(c) Y_2ラーメン

図2.1-20（ⅰ） 節点の曲げ耐力余裕度（X方向）

加力方向: 左から右へ（→）　　　　　　　　　　　　　　　　　　　　　　　　　［節点の曲げ余裕度］

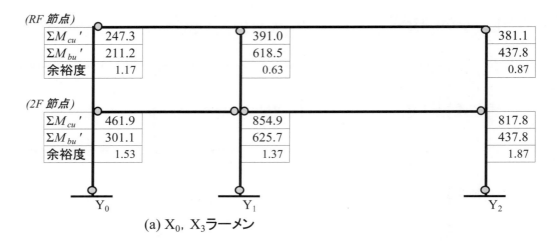

(a) X_0, X_3ラーメン

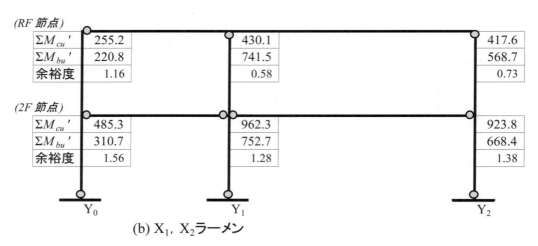

(b) X_1, X_2ラーメン

図 2.1-20（ii）　節点の曲げ耐力余裕度（Y方向　左→右加力）

加力方向: 右から左へ（←） ［節点の曲げ余裕度］

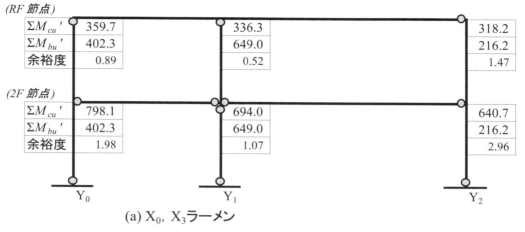

(a) X_0, X_3ラーメン

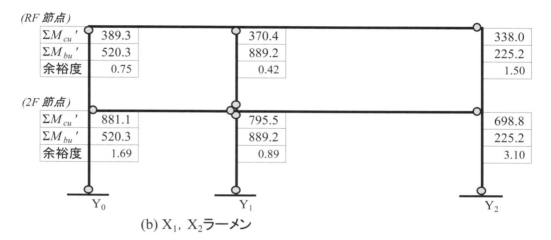

(b) X_1, X_2ラーメン

図 2.1-20（ⅲ） 節点の曲げ耐力余裕度（Y 方向　左←右加力）

2.2 限界耐力計算方法の設計方針

本書で設計の対象とする建築物は【許容応力度計算編】、【保有水平耐力計算編】で設計されたモデルプラン（X、Y方向とも梁、柱のみからなる純ラーメン）と同一とします。本書では、以下に列記する設計方針に従い、モデルプランに限界耐力計算を適用します。

（1） 本計算は、建築基準法・同施行令および関連告示に従います。
（2） 各部材の断面寸法および配筋は、1次設計で定めた値を利用します。すなわち、表 2.1-4 ～表 2.1-7、および図 2.1-11 と図 2.1-12 に示した断面および配筋の詳細とします。
（3） 手計算で解くという趣旨から、限界耐力計算において通常行われる荷重増分解析は用いません。荷重増分解析はコンピュータプログラムの利用を前提としているためです。そこで、損傷限界状態と安全限界状態を下記のとおり想定することにします。
　i） 損傷限界状態 ＝ 1次設計における短期の許容応力度計算（標準層せん断力係数 $C_0 = 0.2$)時に相当するとします。そして、損傷限界時の耐力は、表 2.1-3 に示した $C_0 = 0.2$ の時の Q_i と考えます。
　ii） 安全限界状態 ＝ 2次設計における崩壊メカニズム時に相当すると考えて、安全限界時の耐力には、表 2.1-8 に示した保有水平耐力 Q_{ui} を利用します。安全限界時の変形は、初期剛性に対する剛性低下率を 1/4 として降伏点の変形を定めて、安全限界時の塑性率を 5 と仮定して割り出します。
（4） 保証設計の一つとして、各部材がせん断破壊しないことを確認します。部材のせん断強度は、（一社）日本建築学会「鉄筋コンクリート造建物の靱性保証型耐震設計指針・同解説」に基づいて算定します。
（5） 保証設計の一つとして、建築物が層崩壊しないことを確認します。そのための手法として、層せん断余裕率を算出して評価します。節点ごとに柱と梁の曲げ耐力比を検討する必要があります。しかし、後者に関しては、図 2.1-20 に示した節点の曲げ余裕度と同一であるために割愛します。

第3章

限界耐力計算方法の流れ

3. 限界耐力計算方法の流れ

限界耐力計算方法は、多層建築物を単純な1自由度系にモデル化(縮約)し、応答スペクトル法により各階の地震層せん断力を算定します。損傷限界状態時および安全限界状態時の2種類の限界状態時における水平耐力が各限界状態時に生じる地震層せん断力以上であることを検証します。限界耐力計算方法の設計フローを図3.1に示します。

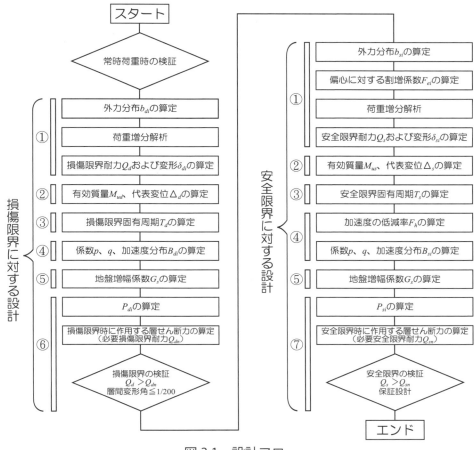

図 3.1　設計フロー

設計のフローでは損傷限界の検証後に安全限界の検証を行っています。損傷限界状態時とは、1次設計における短期許容応力度時あるいは標準せん断力係数 $C_0=0.2$ になる時に対応し、安全限界状態時とは2次設計における保有水平耐力時に対応します（記号 Q_d 等の添え字 d、s はそれぞれ損傷限界時「damage limit」、安全限界時「safety limit」の頭文字で各状態時の値であることを示しています）。フローチャートの詳細を以下に示します。説明の番号はフローチャート中の番号と対応しています。

① 損傷限界状態時、安全限界状態時に建築物が負担できる水平耐力（限界耐力）Q_d、Q_s と各階の変形量 δ_{di}、δ_{si} を荷重増分解析から算定します（図3.2）。限界耐力とは、いずれかの部材（階）が限界状態に達した時の1階の層せん断力のことをいいます。これは、②で説明するように、限界耐力計算では建築物を

1自由度系に縮約して応答を求めますが、1自由度系の耐力には1階の層せん断力を用います。また、荷重増分解析とは地震による高さ方向の加速度分布を仮定した外力（荷重）を各階に一方向から静的に漸増させていき、最終的に力と変形の関係を得るための計算のことをいいます。限界耐力計算で荷重増分解析を用いる理由は建築物の荷重と変形の関係を陽な形で評価するためであり、第1章でも説明したように、建築物の損傷限界状態と安全限界状態は荷重－変形曲線上に定義することができます（図3.3）。この時の外力分布には b_{di}、b_{si} 分布を用います。

通常、損傷限界状態は許容応力度計算でいずれかの部材が短期荷重に対する許容応力度に達した時点として設定されます。また、安全限界状態は工学的な判断のもとに、様々に設定されますが、いずれかの層の層間変形角がおおよそ 1/50～1/100 に達した時点と設定されます（この時の塑性率 μ はおおよそ2～6になります）。塑性率 μ とは変形量を降伏時の変形（弾性変形）に対してどれくらいの比率であるかを示す指標であり、（当該変形）/（降伏時変形）で計算されます。降伏した後の変形に対する塑性率を求める場合、塑性率は必ず1以上となります。逆に、降伏する前の変形の塑性率は1より小さくなります。このように設定された各限界状態時の1階の層せん断力を損傷限界耐力 Q_d、安全限界耐力 Q_s と呼びます。

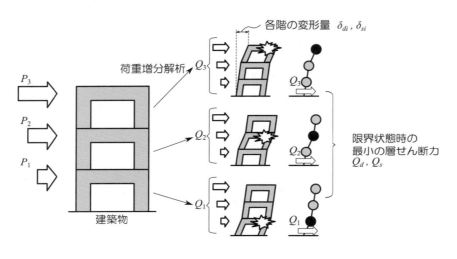

図3.2　荷重増分解析による限界耐力の算定

② ①で算出した建築物の損傷限界状態時、安全限界状態時の各階の変形量 δ_{di}、δ_{si} を用いて「有効質量 M_{ud}、M_{us}」、「代表変位 Δ_d、Δ_s」を求め、等価1自由度系モデルに縮約します（図3.4）。1自由度系モデルへの縮約によって、建築物の応答を地震動の応答スペクトルによって評価することが可能になります。

荷重増分解析に用いる外力分布には b_{di}、b_{si} 分布を用います。b_{di}、b_{si} 分布は層せん断力係数の分布である Ai 分布を外力分布の形で表したもので、応答時のモードを考慮した静的増分解析が可能となります。通常、建築物の振動は階数に応じた次数の振動モードを有しており、それらのモードを重ね合わせたものが振動時の応答変形となります。最も卓越する1次モードの変形が建築物の

memo

荷重増分解析は通常コンピュータを使用して計算する必要がありますが、本書では手計算で計算を進めるため便宜的に弾性応答時の外力分布に比例して変形が生じていると仮定し、第2章の許容応力度計算時を損傷限界状態時として用いました。同様に第2章の保有水平耐力時を安全限界状態時として用いています。

応答変形に近くなりますが、モードの重ね合わせが振動時の応答変形となることから、1次モード以外のモード（2次モード以上のモード）による変形も、ある程度考慮する必要があります。これらのモードのことを高次モードといいます。高次モードの影響は Ai 分布によって考慮することができるため、b_{di}、b_{si} 分布も必然的に高次モードの影響を考慮した外力分布となっています。b_{di}、b_{si} 分布で荷重増分解析を行うことはその建築物の振動時の応答変形を抽出していることを意味します。限界耐力計算ではこの変形量を用いて1自由度系に縮約することにより、建築物の応答を1自由度系モデルで代表させ、その応答を評価することで建築物の応答を評価するという手法を用いています。縮約により、図 3.3 で示した各階の応答を図 3.5 のような1自由度系の応答で代表させることができます。この力と変形の関係を性能曲線と呼びます。

ただし、安全限界状態時の検証においてのみ、建築物に偏心がある階が存在する場合には、偏心を考慮する割増係数 F_{ei} を用いて保有水平耐力を割り引きます。

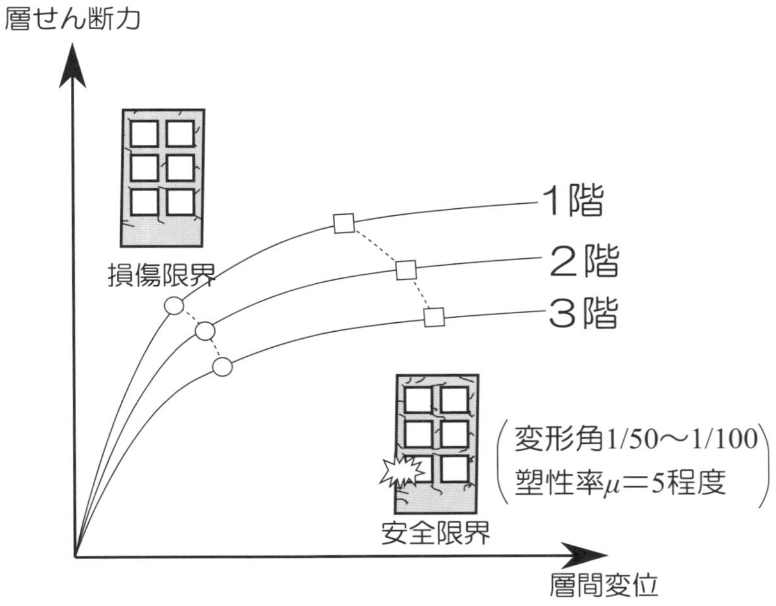

図 3.3　荷重増分解析による各階の応答

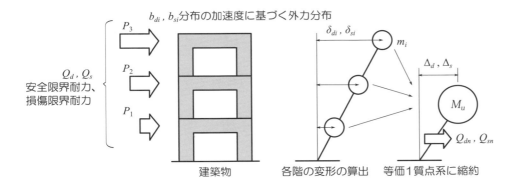

図 3.4　等価1自由度への縮約

③ ②で算出した有効質量 M_{ud}、M_{us}、代表変位 Δ_d、Δ_s および、各限界状態時の水平力 Q_d、Q_s（層せん断力）から建築物の固有周期（損傷限界固有周期 T_d、安全限界固有周期 T_s）を算出します。この周期は剛性低下した各限界状態時の等価な固有周期を表しています（図 3.5 参照）。この固有周期を利用することで限界耐力計算では塑性化して固有周期がのびた場合にその応答値が低減する性質を表現することができます。

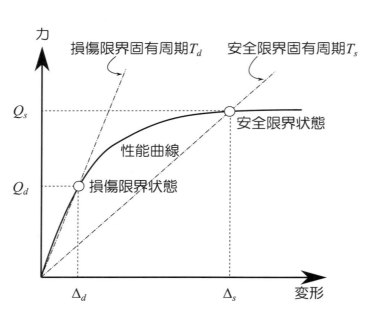

図 3.5　等価 1 自由度の応答（性能曲線）

④ 有効質量と限界固有周期から加速度の低減係数 p、係数 q を算出し、加速度の分布係数 B_{di}、B_{si} を求めます。加速度の分布係数 B_{di}、B_{si} とは縮約した 1 自由度系モデルの応答から各階に必要な耐力を求める際に用いる係数であり、b_{di}、b_{si} 分布と同じく Ai 分布が基になっています（Ai 分布と bi 分布の関係は、4.1 節のコーヒーブレイク p.58 を参照）。この時に係数 p、q という値を用いて応答の補正を行っています。詳しくは次章の 4.1.3 項と 4.1.4 項で説明しています。さらに安全限界状態時では塑性化に伴う減衰の増大による応答の低下を考慮するため、低減係数 F_h を用いて加速度を補正します。F_h は応答塑性率から求まる等価減衰定数 h を用いて算出され、応答塑性率が増大するとともに小さくなります。

⑤ 地震により 1 自由度モデルに作用する加速度 S_a（4.1.3 項のコーヒーブレイク p.63 を参照）を工学的基盤上の加速度応答スペクトル（減衰 5%）をもとに建築物の限界固有周期 T_d、T_s および表層地盤による加速度の増幅率 G_s 等を考慮して算出します（図 3.6）。なお、損傷限界状態、安全限界状態で使用する加速度応答スペクトルはそれぞれ、稀に発生する地震動、極めて稀に発生する地震動を想定したものであり、安全限界状態の検証で用いる加速度応答スペクトルは損傷限界状態の応答スペクトルの 5 倍の値となっています（図 3.7）。

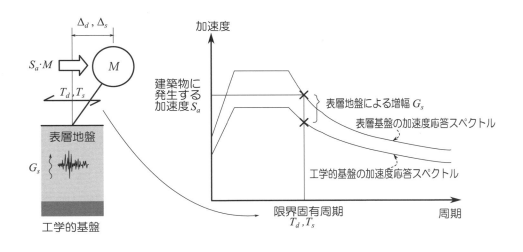

図 3.6 表層地盤による加速度応答スペクトルの増幅

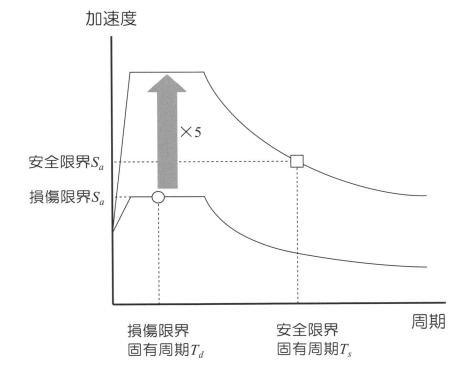

図 3.7 加速度 S_a の算定

⑥ 損傷限界状態の検証においては、加速度の分布係数 B_{di}、加速度 S_a、各階質量 M_i、地域係数 Z を用いて、損傷限界状態時における各階の必要地震力 P_{di} を算出します。必要地震力 P_{di} から必要損傷限界耐力 Q_{dn} を求めて、①の損傷限界状態時での耐力（損傷限界耐力 Q_d）と比較し、損傷限界耐力 Q_d が必要限界耐力 Q_{dn} を上回っていることを確認します。また、最大層間変形角が 1/200 以下であることも確認します。必要損傷限界耐力の標準せん断力係数は許容応力度計算の短期（$C_0=0.2$）に対応します。

ここで、必要限界耐力 Q_{dn} は図 3.7 の加速度より求まる耐力であることから、図 3.7 は建築物に要求される加速度であると考えることができます。図 3.7 で示すように、加速度応答スペクトルは周期と加速度の関係で表されていますが、横軸を変位応答スペクトルで表し、縦軸に質量を掛けた力で表せば、要求される加速度を力と変形の関係で表すことができます。これは S_a-S_d スペクトル（p.54 のコーヒーブレイクを参照）と呼ばれており、この S_a-S_d スペクトルと性能曲線を同時に表すと図 3.8 のように描くことができます。図 3.8 の等価 1 自由度系の性能曲線上で、初めていずれかの部材が損傷限界に達した点が損傷限界点（○印）になり、この点の力が限界耐力計算の損傷限界耐力 Q_d です。損傷限界点と原点を結ぶ直線を引くとこの傾き（剛性）から求まる 1 自由度系の周期が損傷限界固有周期 T_d になります。また、この直線と S_a-S_d スペクトル（限界耐力計算では要求曲線と呼びます）の交点（●印）が損傷限界固有周期において要求加速度下で生じる建築物の変形と力を表しており、この点の力が必要損傷限界耐力 Q_{dn} になります。

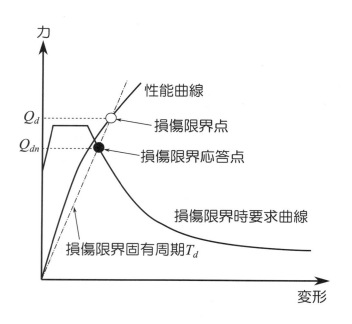

図 3.8　性能曲線と要求曲線による応答点の推定（損傷限界状態時）

⑦　安全限界状態の検証においては、加速度の分布係数 B_{si}、加速度 S_a、各階質量 M_i、加速度の低減率 F_h を用いて、安全限界状態時における各階の必要地震力 P_{si} を算出します。必要地震力 P_{si} から必要安全限界耐力 Q_{sn} と①の安全限界状態時での耐力（安全限界耐力 Q_s）と比較します（図 3.9）。この時、部材のせん断破壊等を防ぎ、崩壊メカニズムが確実に形成されるよう保証設計を行います。また、⑥と同様に必要安全限界耐力と安全限界耐力は図 3.9 から求めることができます。ただし、安全限界変形が（△から□へ）大きくなると、終局塑性率 μ が大きくなるのに伴って低減係数 F_h（④を参照）が小さくなるため、要求曲線が低減されます（図 3.9 中の要求曲線（F_h 大）から要求曲線（F_h 小）への変化）。それによって、必要安全限界耐力 Q_{sn} も低下します。▲印と■印が必要耐力の推移を表しています。

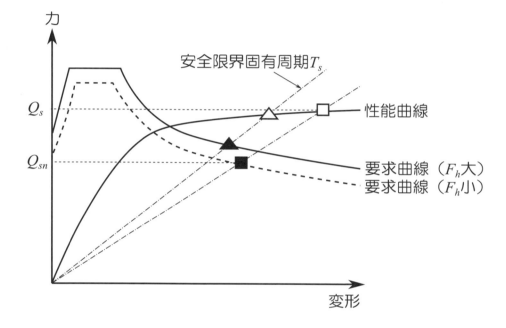

図 3.9　性能曲線と要求曲線による応答点の推定（安全限界状態時）

　本章では限界耐力計算の流れについて簡単に示しましたが、係数や計算方法などの詳細な説明は次章以降で説明します。

コーヒーブレイク 【$S_a - S_d$ スペクトル】

　第2種地盤の場合について、地域係数 Z を 1.0 として求めた標準加速度応答スペクトル S_0 と増幅率 G_s を掛け合わせて求めた、損傷限界時の加速度応答スペクトル S_{a1}、および、安全限界時の加速度応答スペクトル S_{a2} を図1に示します。

　変位応答スペクトル S_d、加速度応答スペクトル S_a は、建築物の固有周期 T の関数として、式(1)のように表すことができます。したがって、図1の横軸を建築物の固有周期 T から変位応答スペクトル S_d に変換することで、$S_a - S_d$ スペクトルを描くことができます。安全限界時に関する $S_a - S_d$ スペクトルを図2に示します。

$$S_a = \omega^2 \cdot S_d = \left(\frac{2\pi}{T}\right)^2 S_d \qquad (1)$$

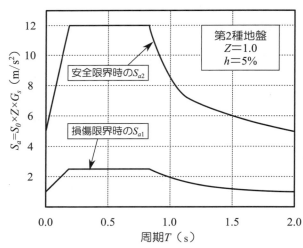

図1　損傷限界時の加速度応答スペクトル S_{a1} と安全限界時の加速度応答スペクトル S_{a2}

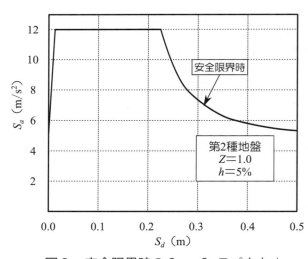

図2　安全限界時の $S_a - S_d$ スペクトル

第4章

建築物に要求される性能

4. 建築物に要求される性能

4.1 損傷限界状態

4.1.1 外力分布 b_{di}

限界耐力計算では、多層建築物の応答が1自由度系応答の重ね合わせであることを利用して、建築物の応答を1自由度系の質点に置換します。この方法を「縮約」といい、等価な質量（有効質量）を持つ1自由度系の質点モデル（等価1自由度系）に置き換えます。この時、必要とされるのは、第3章で示したように、建築物が損傷限界耐力に達したときの各階の変形です。各階の変形は外力分布によるため、まずは各階の損傷限界時の外力分布 b_{di} を求めます。b_{di} は次式で求めることができます。この式は、地震層せん断力の建築物の高さ方向の分布係数 A_i を各階の水平力分布に直しただけのものです。

2階（最上階）
$$b_{di} = 1 + (\sqrt{\alpha_i} - \alpha_i^2) \cdot \frac{2h(0.02 + 0.01\lambda)}{1 + 3h(0.02 + 0.01\lambda)} \cdot \frac{\Sigma M_i}{M_N}$$

1階（最上階以外）
$$b_{di} = 1 + (\sqrt{\alpha_i} - \sqrt{\alpha_{i+1}} - \alpha_i^2 + \alpha_{i+1}^2) \cdot \frac{2h(0.02 + 0.01\lambda)}{1 + 3h(0.02 + 0.01\lambda)} \cdot \frac{\Sigma M_i}{M_i}$$

ここで、h は建築物の高さ、λ は建築物の高さのうち、鉄骨または木造の部分の比率を表します。モデルプランでは、$h=7.57$（m）$\lambda=0$ となります。また、α_i は Ai 分布を計算するときに算出した係数で、モデルプランの場合、表 2.1-3 に示すように $\alpha_1=1.0$、$\alpha_2=0.508$ です。

ひとりでやってみよう1

■各階の b_{di} を計算します。

演習シート1の<1>～<9>に記入します。

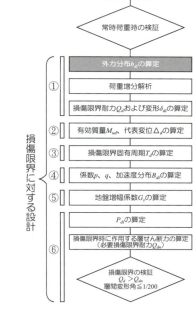

求め方の手順

① α_i、h、M_i を用いて、各階の b_{di} を計算します。

2階
$$b_{d2} = 1 + (\sqrt{\alpha_2} - \alpha_2^2) \cdot \frac{0.04h}{1 + 0.06h} \cdot \frac{\Sigma M_i}{M_2}$$
$$= 1 + (\sqrt{0.508} - 0.508^2) \cdot \frac{0.04 \times 7.57}{1 + 0.06 \times 7.57} \cdot \frac{227 + 220}{227} = 1.19$$

p.23 memo欄を参照

1階
$$b_{d1} = 1 + (\sqrt{\alpha_1} - \sqrt{\alpha_2} - \alpha_1^2 + \alpha_2^2) \cdot \frac{0.04h}{1 + 0.06h} \cdot \frac{\Sigma M_i}{M_1}$$
$$= 1 + (\sqrt{\langle 1 \rangle} - \sqrt{\langle 2 \rangle} - \langle 3 \rangle^2 + \langle 4 \rangle^2) \times \frac{0.04 \times \langle 5 \rangle}{1 + 0.06 \times \langle 6 \rangle} \times \frac{\langle 7 \rangle}{\langle 8 \rangle}$$
$$= \langle 9 \rangle$$

コーヒーブレイク 【Ai 分布と bi 分布】

　許容応力度計算や保有水平耐力計算で用いられた Ai 分布は、地震層せん断力係数の高さ方向の分布形を表すものです。一方、限界耐力計算で用いられる bi 分布は、慣性力の係数（各階の慣性力をその階の重量で除したもの）です。
　Ai 分布は、

$$A_i = 1 + \left(\frac{1}{\sqrt{\alpha_i}} - \alpha_i\right)\frac{2T}{1+3T} \tag{1}$$

$$\alpha_i = \frac{\sum_{j=i}^{N} W_j}{\sum_{j=1}^{N} W_j} \tag{2}$$

と表されます。1 階の Ai は 1.0 となるため、i 階の層せん断力 Q_i は、1 階のせん断力係数 C_B（ベースシアー係数）と、i 階とその階より上の重量 $\sum_{j=i}^{N} W_j$ を用いて、式 (3) のように表せます。

$$\begin{aligned}
Q_i &= C_B \cdot A_i \cdot \sum_{j=i}^{N} W_j \\
&= C_B \cdot \left\{1 + \left(\frac{1}{\sqrt{\alpha_i}} - \alpha_i\right)\frac{2T}{1+3T}\right\} \cdot \sum_{j=i}^{N} W_j \\
&= C_B \cdot \left\{\sum_{j=i}^{N} W_j + \left(\frac{1}{\sqrt{\alpha_i}} - \alpha_i\right)\frac{2T}{1+3T} \cdot \frac{\sum_{j=i}^{N} W_j}{\sum_{j=1}^{N} W_j} \cdot \sum_{j=1}^{N} W_j\right\} \\
&= C_B \cdot \left\{\sum_{j=i}^{N} W_j + \left(\frac{1}{\sqrt{\alpha_i}} - \alpha_i\right)\frac{2T}{1+3T} \cdot \alpha_i \cdot \sum_{j=1}^{N} W_j\right\} \\
&= C_B \cdot \left\{\sum_{j=i}^{N} W_j + \left(\sqrt{\alpha_i} - \alpha_i^2\right)\frac{2T}{1+3T} \cdot \sum_{j=1}^{N} W_j\right\}
\end{aligned} \tag{3}$$

　一方、慣性力 F_i と層せん断力 Q_i の関係から、

$$\begin{aligned}
F_N = Q_N &= C_B \cdot \left\{W_N + \left(\sqrt{\alpha_N} - \alpha_N^2\right)\frac{2T}{1+3T} \cdot \sum_{j=1}^{N} W_j\right\} \\
&= C_B \cdot \left\{1 + \left(\sqrt{\alpha_N} - \alpha_N^2\right)\frac{2T}{1+3T} \cdot \frac{\sum_{j=1}^{N} W_j}{W_N}\right\} \cdot W_N
\end{aligned}$$

$$F_i = Q_i - Q_{i+1} = C_B \cdot \left\{ \sum_{j=i}^{N} W_j + \left(\sqrt{\alpha_i} - \alpha_i^2\right) \frac{2T}{1+3T} \cdot \sum_{j=1}^{N} W_j \right\}$$

$$- C_B \cdot \left\{ \sum_{j=i+1}^{N} W_j + \left(\sqrt{\alpha_{i+1}} - \alpha_{i+1}^2\right) \frac{2T}{1+3T} \cdot \sum_{j=1}^{N} W_j \right\}$$

$$= C_B \cdot \left\{ W_i + \left(\sqrt{\alpha_i} - \sqrt{\alpha_{i+1}} - \alpha_i^2 + \alpha_{i+1}^2\right) \frac{2T}{1+3T} \cdot \sum_{j=1}^{N} W_j \right\}$$

$$= C_B \cdot \left\{ 1 + \left(\sqrt{\alpha_i} - \sqrt{\alpha_{i+1}} - \alpha_i^2 + \alpha_{i+1}^2\right) \frac{2T}{1+3T} \cdot \frac{\sum_{j=1}^{N} W_j}{W_i} \right\} \cdot W_i$$

となります。よって、水平方向加速度の鉛直方向の分布形 b_i は、

$$T = h(0.02 + 0.01\lambda)$$

を考慮すると、

N 階

$$b_N = 1 + \left(\sqrt{\alpha_N} - \alpha_N^2\right) \cdot \frac{2h(0.02+0.01\lambda)}{1+3h(0.02+0.01\lambda)} \cdot \frac{\sum_{j=1}^{N} W_j}{W_N}$$

i 階

$$b_i = 1 + \left(\sqrt{\alpha_i} - \sqrt{\alpha_{i+1}} - \alpha_i^2 + \alpha_{i+1}^2\right) \cdot \frac{2h(0.02+0.01\lambda)}{1+3h(0.02+0.01\lambda)} \cdot \frac{\sum_{j=1}^{N} W_j}{W_i}$$

となり、$W = m \cdot g$（m：質量、g：重力加速度）なので告示と一致していることが分かります。

4.1.2 有効質量 M_{ud}

建築物の損傷限界時の有効質量 M_{ud} を求めます。ここで、M_i は i 階の質量で、δ_i は i 階の変位です。ここで、有効質量とは、1次モードの層せん断力に有効な質量で、この有効質量に1次モードの応答加速度をかけることにより、1次モードの層せん断力が求まります。有効質量は全質量よりも小さくなります（7.2節参照）。

$$M_{ud} = \frac{\left(\sum M_i \cdot \delta_i \right)^2}{\sum M_i \cdot \delta_i^2}$$

この時の水平変位 δ_i には、損傷限界時の建築物の水平変位を用います。ここでは、建築物の変位が、bi 分布で算定した加速度分布形に一致すると仮定します。つまり、$\delta_1 = 0.81$、$\delta_2 = 1.19$ と仮定します。ここで、δ_1 と δ_2 はその比率が必要なだけで、絶対値は必要ありません。また、M_i は i 階の質量で、$M_1 = 220$ ton、$M_2 = 227$ ton です。

なお、この δ_1 と δ_2 は、1次設計時に D 値法を用いて求めた $C_0 = 0.20$ 時の変形量を用いた方が、より正確です。また、b_{di} 分布を用いた荷重増分解析結果から求めた値を採用することも可能です。

ひとりでやってみよう2

■有効質量を計算します。

演習シート1の＜ 10 ＞〜＜ 22 ＞に記入します。

求め方の手順

① 各階の質量 M_i に想定する変形量 δ を掛け合わせます。

$$M_1 \cdot \delta_1 = \underset{1階の質量}{220} \times \underset{1階の\delta_1}{0.81} = 178$$

$$M_2 \cdot \delta_2 = \underset{2階の質量}{\langle 10 \underline{\qquad} \rangle} \times \underset{\delta_2}{\langle 11 \underline{\qquad} \rangle} = \langle 12 \underline{\qquad} \rangle$$

② ①で求めた数値の合計 $\sum M_i \cdot \delta_i$ を計算します。

$$\sum M_i \cdot \delta_i = M_1 \cdot \delta_1 + M_2 \cdot \delta_2 = \underset{M_1 \times \delta_1}{178} + \underset{M_2 \times \delta_2}{\langle 13 \underline{\qquad} \rangle} = \underset{\sum M_i \times \delta_i}{\langle 14 \underline{\qquad} \rangle}$$

③ 各階の質量 M_i に想定する変形量の2乗 δ^2 を掛け合わせます。

$$M_1 \cdot \delta_1^2 = \underset{\text{1階の質量}}{\boxed{220}} \times \underset{\text{1階の }\delta_1^2}{\boxed{0.81^2}} = 143$$

$$M_2 \cdot \delta_2^2 = \underset{\text{2階の質量}}{\langle 15 \qquad \rangle} \times \underset{\delta_2^2}{\langle 16 \qquad \rangle} = \langle 17 \qquad \rangle$$

④ ③で求めた数値の合計 $\sum M_i \cdot \delta_i^2$ を計算します。

$$\sum M_i \cdot \delta_i^2 = \underset{M_1 \times \delta_1^2}{M_1 \cdot \delta_1^2} + \underset{M_2 \times \delta_2^2}{M_2 \cdot \delta_2^2} = \boxed{143} + \langle 18 \qquad \rangle = \underset{\sum M_i \times \delta_i^2}{\langle 19 \qquad \rangle}$$

⑤ ②の2乗を④で割り、損傷限界状態での有効質量を求めます。

$$M_{ud} = \underset{(\sum M_i \times \delta_i)^2}{\langle 20 \qquad \rangle} \div \underset{\sum M_i \times \delta_i^2}{\langle 21 \qquad \rangle} = \langle 22 \qquad \rangle$$

4.1.3 係数 p

ここでは、係数 p を表 4.1-1 を用いて計算します。この係数 p は、地震力を算定する工学的基盤上のスペクトルが、建築物の有効質量比を 0.8 と考えて、逆比（およそ 1/0.8=1.25 → 1.22）で拡大されていますが、5 階建て以下では有効質量比が 0.8 を上回るため、地震力そのものを再度割り引くための係数です。そのため、損傷限界固有周期が 0.16 秒以上の場合では、有効質量比が 1 となる 1 階建てで 0.8 となっています。係数 p は、表にあるとおり、損傷限界固有周期 T_d と建築物階数で決まります。T_d は本来は、部材のいずれかが損傷限界状態に達した時の等価周期となりますが、ここでは増分解析を実施していませんので、弾性時の固有周期 $T_d=0.02h$ を用いることとします。ここで、h は建築物の高さです。周期を短く評価することにより、要求値が大きくなるため、安全側の評価となります。

表 4.1-1 係数 p

階数	損傷限界固有周期	
	0.16 秒以下の場合	0.16 秒超の場合
1	$1.00 - \dfrac{0.20}{0.16} T_d$	0.80
2	$1.00 - \dfrac{0.15}{0.16} T_d$	0.85
3	$1.00 - \dfrac{0.10}{0.16} T_d$	0.90
4	$1.00 - \dfrac{0.05}{0.16} T_d$	0.95
5 以上	1.00	1.00

ひとりでやってみよう3

■係数 p を求めます。

演習シート1の<23>〜<27>に記入します。

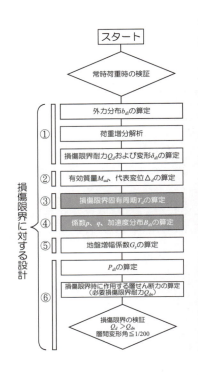

求め方の手順

① $T_d=0.02h$ を用いて、損傷限界時固有周期を求めます。

$$T_d = 0.02h = 0.02 \times \langle ^{23}\underline{\qquad} \rangle = \langle ^{24}\underline{\qquad} \rangle$$

$T_d \leqq 0.16$ の場合

$$p = 1.00 - \frac{0.15}{0.16}T_d = 1.00 - \frac{0.15}{0.16} \times \langle ^{25}\underline{\qquad} \rangle = \langle ^{26}\underline{\qquad} \rangle$$

$T_d > 0.16$ の場合
$$p = 0.85$$

② 建築物の階数が2階であることを考慮して、表4.1-1により、係数 p を求めます。

よって、$p = \langle ^{27}\underline{\qquad} \rangle$

コーヒーブレイク　【工学的基盤】

　工学的基盤とは、設計時に用いる地震動を計算する上で、基準となる地震動を設定する基盤で、十分な層厚と剛性を有する強固な地盤のことです。この工学的基盤において、設計用地震力を設定し、更に建設地の表層地盤の状況により、表層地盤での増幅を加味して、建築物での設計用地震力を設定することになります。

　この工学的基盤は、平12建告第1457号第10の2において、下記のような地盤であると定義されています。

- 地盤のせん断波速度 V_S が約400m/s以上であること
- 地盤の厚さが5m以上であること
- 建築物の直下を中心として、表層地盤の厚さの5倍の範囲において原則として地盤の深さが一様なものとして5°以下の傾斜であること

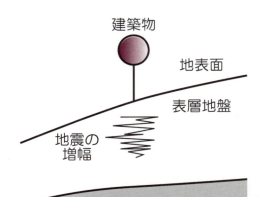

図1　表層地盤と工学的基盤

コーヒーブレイク 【地盤特性を考慮した加速度応答スペクトルの設定】

地震により建築物に作用する応答加速度 S_a は、下式に示すように、工学的基盤における減衰定数 5% の場合の加速度応答スペクトルに相当する標準加速度応答スペクトル S_0 と、地域係数 Z、および、表層地盤による加速度の増幅率 G_S を掛け合わせて求めることができます。

$$S_a = (S_0 \times Z) \times G_S$$

ここで、S_a ：建築物の応答加速度
S_0 ：標準加速度応答スペクトル
Z ：地域係数
G_S ：表層地盤による加速度の増幅率

この応答加速度 S_a に各階の加速度分布係数を乗じたものが、各階に作用する地震力となります。

標準加速度応答スペクトル S_0 は、工学的基盤における減衰定数 5% の場合の加速度応答スペクトルとして、平 12 建告第 1461 号に基づいて、表 1 に示すとおり、建築物の固有周期 T の関数として定まります。図 1 に標準加速度応答スペクトル S_0 を示します。同図のとおり、「極めて稀に発生する地震動」の加速度は「稀に発生する地震動」の 5 倍となっています。

表 1　標準加速度応答スペクトル S_0（減衰定数 5%）の算定式

建築物の固有周期 T（秒）	加速度応答スペクトル (m/s²)	
	稀に発生する地震動	極めて稀に発生する地震動
$T < 0.16$	$0.64 + 6T$	$3.2 + 30T$
$0.16 \leq T < 0.64$	1.6	8
$0.64 \leq T$	$\dfrac{1.024}{T}$	$\dfrac{5.12}{T}$

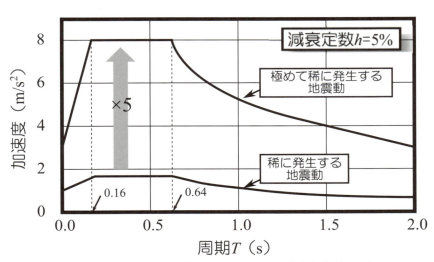

図 1　標準加速度応答スペクトル S_0（減衰定数 5%）

4.1.4 係数 q

ここでは、有効質量比 $\dfrac{M_{ud}}{\sum M_i}$ に応じて、係数 q を求めます。係数 q は、表 4.1-2 に従って求めます。この係数 q を地震力に掛け合わせることにより、有効質量比 $\dfrac{M_{ud}}{\sum M_i}$ が 0.75 未満の場合は、実質 0.75 となります。有効質量比が小さくなると、相対的に建築物の耐力を高く見積もることとなるため、0.75 を下限としていることが分かります。

表 4.1-2　係数 q

有効質量比	0.75 未満	$0.75\dfrac{\sum M_i}{M_{ud}}$
	0.75 以上	1.0

ひとりでやってみよう 4

■係数 q を求めます。

演習シート 1 の＜28　＞〜＜31　＞に記入します。

求め方の手順

① 有効質量比 $\dfrac{M_{ud}}{\sum M_i}$ を計算します。

② 有効質量比に応じて、表 4.1-2 により、係数 q を求めます。

$$\dfrac{M_{ud}}{\sum M_i}=\langle{}^{28}\underline{\qquad}\rangle\div\langle{}^{29}\underline{\qquad}\rangle=\langle{}^{30}\underline{\qquad}\rangle$$

$$q=\langle{}^{31}\underline{\qquad}\rangle$$

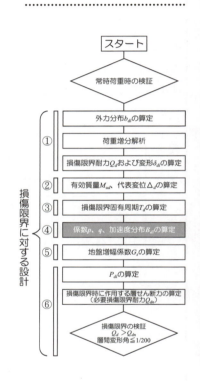

コーヒーブレイク　【係数 p と係数 q　保有水平耐力計算と限界耐力計算の設計用スペクトル】

図 1 に、保有水平耐力計算と限界耐力計算の設計用スペクトルを示します。ここでは、保有水平耐力計算では、$F_{es}=1.0$、$Z=1.0$、$C_0=1.0$ とした R_t を設計用スペクトル、限界耐力計算では、$F_e=1.0$、$Z=1.0$、$F_h=1.0$ として求めています。

この図からも分かるように、限界耐力計算の方が、保有水平耐力計算に比べて、短い周期の部分では、およそ 1.22 倍、長い周期の部分ではおよそ 1.10 倍となっていることが分かります。これは、保有水平耐力計算では、設計用ベースシアー係数は図 1 の応答加速度に建築物全体の質量を掛け合わせる（$R_a \times \sum M_i$）のに対して、限界耐力計算では有効質量を掛け合わせる（$R_a \times M_{us}$）ことに由来します。5 階建てを超えるような建築物では、一般的な有効質量比 $M_{us}/\sum M_i$ はおよそ 0.80 になる（高層化すると、更に小さくなる）ことが知られています。

そのため、保有水平耐力計算でも限界耐力計算でも同程度のベースシアーを有する建築物となるよう、短い周期の部分では、およそ 1/0.8=1.25 倍となっています。また、周期が長い範囲では、特に建築物が損傷に従ってその周期帯に入ってきた場合、損傷により更に有効質量比が小さくなる（直線的な振動モードの割合が小さくなる）ことが知られているため、すこし割増率が小さくなっていると考えることもできます。ただし、損傷

が生じる前から比較的長い周期を有する建築物では、有効質量比が小さくなる場合は、高次モードの影響を適切に考慮する必要があります。

以上より、有効質量比が小さくなると、建築物が有する水平耐力が相対的に小さくなる可能性があります。その為、平12建告第1457号では、有効質量比の最低値は0.75で制限することとしています。これが係数qとなります。

一方、図1に示すように設計用スペクトルは割り増されており、例えば1階建ての建築物では有効質量比は1.0となる為、単純に設計用地震力が割り増されたことになってしまいます。そこで、5層以下の建築物では有効質量比が大きくなることを考慮して、設計用スペクトルの値を低減しているのが係数pです。建築物が1階ではちょうど限界耐力計算と保有水平耐力計算の設計用スペクトルの値が一致するように定められています。

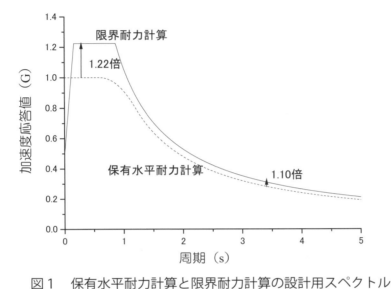

図1　保有水平耐力計算と限界耐力計算の設計用スペクトル

4.1.5　B_{di} 分布

これまでに求めた b_{di}、p、q および有効質量 M_{ud} を用いて、B_{di} を計算します。この B_{di} は、Ai 分布で規定される層せん断力分布から逆算される、各階にかかる慣性力分布形を表します。B_{di} は次式で計算します。

$$B_{di} = p \cdot q \cdot \frac{M_{ud}}{\sum_{j=1}^{N} M_j} \cdot b_{di}$$

ひとりでやってみよう 5

■ B_{di} を求めます。

演習シート 2 の＜ 32 ＞〜＜ 41 ＞に記入します。

M_1=220 ton、M_2=227 ton とします。

$$B_{d2} = p \cdot q \cdot \frac{M_{ud}}{M_1+M_2} \cdot b_{d2}$$
$$= \langle \underset{p}{\underline{\quad 32 \quad}} \rangle \times \langle \underset{q}{\underline{\quad 33 \quad}} \rangle \times \langle \underset{M_{ud}/\Sigma M_i}{\underline{\quad 34 \quad}} \rangle \times \langle \underset{b_{d2}}{\underline{\quad 35 \quad}} \rangle$$
$$= \langle \underline{\quad 36 \quad} \rangle$$

$$B_{d1} = p \cdot q \cdot \frac{M_{ud}}{M_1+M_2} \cdot b_{d1}$$
$$= \langle \underset{p}{\underline{\quad 37 \quad}} \rangle \times \langle \underset{q}{\underline{\quad 38 \quad}} \rangle \times \langle \underset{M_{ud}/\Sigma M_i}{\underline{\quad 39 \quad}} \rangle \times \langle \underset{b_{d1}}{\underline{\quad 40 \quad}} \rangle$$
$$= \langle \underline{\quad 41 \quad} \rangle$$

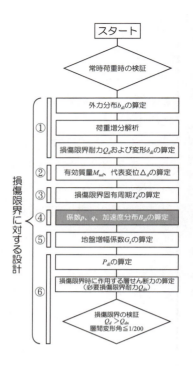

4.1.6 地盤の増幅係数 G_s

表層地盤による加速度の増幅率を表す G_s については、平 12 建告第 1457 号に複数の求め方が示されています。地盤調査によって得られた密度やせん断波速度などの特性値に基づいて、G_s を精算する方法もあります。本書では、地盤種別に応じて、表 4.1-3 に示す式を用いて略算的に求める方法を利用します。表 4.1-3 に示した式で求めた増幅率 G_s と建築物の固有周期 T の関係を図 4.1-1 に示します。なお、ここでは、損傷限界状態の検討ですから、表および図中の固有周期 T を損傷限界時固有周期 T_d と見なします。

表 4.1-3 表層地盤による加速度の増幅率 G_S の算定式

地盤種別	建築物の固有周期 T（秒）	増幅率 G_s
第 1 種地盤	$T < 0.576$	$G_s = 1.5$
	$0.576 \leq T < 0.64$	$G_s = \dfrac{0.864}{T}$
	$0.64 \leq T$	$G_s = 1.35$
第 2 種地盤・第 3 種地盤	$T < 0.64$	$G_s = 1.5$
	$0.64 \leq T < T_u$	$G_s = 1.5\left(\dfrac{T}{0.64}\right)$
	$T_u \leq T$	$G_s = g_v$

ただし、$T_u = 0.64\left(\dfrac{g_v}{1.5}\right)$（秒）

$g_v = \begin{cases} 第 2 種地盤：2.025 \\ 第 3 種地盤：2.7 \end{cases}$

memo

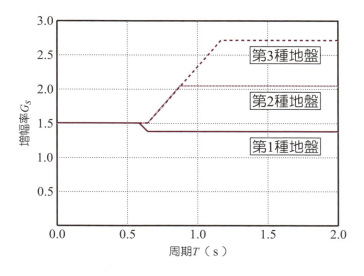

図 4.1-1　表層地盤による加速度の増幅率 G_S と建築物の固有周期 T

ひとりでやってみよう 6

■地盤の増幅係数 G_S を求めます。

演習シート 2 の＜ 42 ＞〜＜ 44 ＞に記入します。
$T_d=0.02 \times 7.57\mathrm{m}=0.151$ 秒であることを考慮して求めましょう。

求め方の手順

① 表 4.1-3 の注釈式より、T_u を求めます。

$$T_u = 0.64\left(\frac{g_v}{1.5}\right) = 0.64 \times \underbrace{\langle\ ^{42}\quad\rangle}_{\text{第 2 種地盤の }g_v} \div 1.5 = \langle\ ^{43}\quad\rangle$$

② 表 4.1-3 より、G_s を求めます。
　　$G_s = \langle\ ^{44}\quad\rangle$

コーヒーブレイク　　【地盤増幅係数 G_s の精算法】

　地盤増幅係数は、平 12 建告第 1457 号第 10 において、精算方法も示されています。これは、工学的基盤より表層の多層にわたる地層を 1 つの等価な地層にモデル化し、2 次モードの周期までを考慮して応答の増幅係数を求める方法です。あらかじめ地盤調査を実施し、ボーリング柱状図と PS 検層結果から、地盤を各層ごとに区別し、各層の層厚、湿潤密度、S 波速度、土質種別を得る必要があります。これらの数値から、各層のせん断剛性、ひずみ、減衰定数などを計算し、波動インピーダンス比 α を用いて G_s を計算します。収束計算が必要です。

4.1.7 地震力 P_{di}

ここでは、損傷限界状態での耐力（損傷限界耐力）と比較する地震力を求めます。ここで求める地震力は、各階に水平方向に生じる力 p_{di} であり、慣性力に相当します。p_{di} は、損傷限界周期 T_d、各階の質量 M_1=220 ton、M_2=227 ton、慣性力分布形 B_{di}、地域係数 Z（=1.0）、地盤係数 G_s をもとに、次式により求めます。

$$P_{di} = \begin{cases} (0.64 + 6T_d) M_i \cdot B_{di} \cdot Z \cdot G_s & T_d < 0.16 \\ 1.6 M_i \cdot B_{di} \cdot Z \cdot G_s & 0.16 \leq T_d < 0.64 \\ \dfrac{1.024 M_i \cdot B_{di} \cdot Z \cdot G_s}{T_d} & 0.64 \leq T_d \end{cases}$$

また、各階の損傷限界時に必要な層せん断力 Q_{di} は、当該階以上の P_{di} の合計として求めることができます。最後に、せん断力係数 C_{di} を求めます。これは、層せん断力 Q_{di} を、当該階以上の重量で除して求めます。

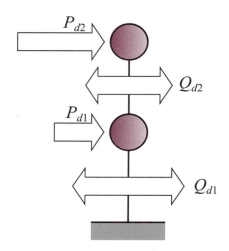

図 4.1-2　慣性力と層せん断力

ひとりでやってみよう7

■損傷限界時での P_{di}、Q_{di}、C_{di} を求めます。

演習シート2 の＜ 45 ＞〜＜ 57 ＞に記入します。

ここでは、損傷限界時での地震力 P_{di}、建築物に必要な層せん断力 Q_{di}、そのときの層せん断力係数 C_{di} を求めます。

求め方の手順

① まず P_{di} を求めます。T_d=0.02 × 7.57m=0.151 秒であるので、

   P_{di}=(0.64+6T_d) $M_i \cdot B_{di} \cdot Z \cdot G_s$

   となります。ここで、各階の重量は W_1=2157 kN、W_2=2227 kN、B_{di} は慣性力分布形、地域係数 Z は 1.0、地盤の増幅係数 G_s は 1.5 でした。

② 各階以上の P_{di} を足しあわせて、層せん断力 Q_{di} を求めます。つまり、

   Q_{d2}=P_{d2}
   Q_{d1}=P_{d1}+P_{d2}

   となります。

③ 層せん断力 Q_{di} を当該階以上の重量で除すことにより、層せん断力係数 C_{di}

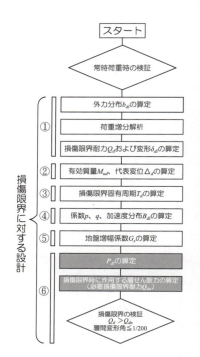

を求めます。つまり、

$$C_{d2} = \frac{Q_{d2}}{M_2 \cdot g} = \frac{Q_{d2}}{W_2}$$

$$C_{d1} = \frac{Q_{d1}}{M_1 \cdot g + M_2 \cdot g} = \frac{Q_{d1}}{W_1 + W_2}$$

g：重力加速度

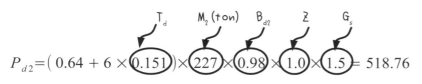

$$P_{d2} = (0.64 + 6 \times \underbrace{0.151}_{T_d}) \times \underbrace{227}_{M_2 (ton)} \times \underbrace{0.98}_{B_{d2}} \times \underbrace{1.0}_{Z} \times \underbrace{1.5}_{G_s} = 518.76$$

$$P_{d1} = (0.64 + 6 \times \underbrace{\langle 45 \quad \rangle}_{T_d}) \times \underbrace{\langle 46 \quad \rangle}_{M_1} \times \underbrace{\langle 47 \quad \rangle}_{B_{d1}} \times \underbrace{\langle 48 \quad \rangle}_{Z} \times \underbrace{\langle 49 \quad \rangle}_{G_s}$$

$$= \langle 50 \quad \rangle$$

$Q_{d2} = P_{d2} = 518.76$

$Q_{d1} = P_{d1} + P_{d2} = \langle 51 \quad \rangle + \langle 52 \quad \rangle = \langle 53 \quad \rangle$

$$C_{d2} = \frac{Q_{d2}}{W_2} = \frac{518.76}{\underbrace{2227}_{W_2 (kN)}} = 0.23$$

$$C_{d1} = \frac{Q_{d1}}{W_1 + W_2} = \frac{\overbrace{\langle 54 \quad \rangle}^{Q_{d1}}}{\underbrace{\langle 55 \quad \rangle}_{W_1 (kN)} + \underbrace{\langle 56 \quad \rangle}_{W_2 (kN)}} = \langle 57 \quad \rangle$$

4.2 安全限界状態

4.2.1 降伏点周期と応答塑性率の仮定

安全限界状態の確認では、建築物の安全限界点とその時の等価1自由度系での塑性率および等価周期が必要となります。建築物全体をモデル化し、荷重増分解析を実施した場合、荷重を漸増させるステップごとに、その復元力と変形量を等価1自由度系に縮約することができます。その結果、図4.2-1中の点線のような性能曲線を得ることができます。この荷重増分解析を、建築物（のいずれかの部材）が安全限界状態に達するまで実施すると、安全限界点までの性能曲線が得られます。この増分解析から得られた性能曲線を、3折れ線に近似すると、降伏変位 δ_y、安全限界時塑性率 μ、安全限界時等価剛性 K_{es} を定義することができます。この時、3折れ線近似では、

① 初期剛性は、増分解析結果の初期剛性を用いる
② 増分解析結果と3折れ線モデルで、それぞれに囲まれる面積を等しくする（ひずみエネルギーが同一となる）。
③ 最終勾配は0とする
④ 第1折れ点での復元力は、第2折れ点（降伏点）の耐力の1/3とする。

というルールが一般的に取られます。

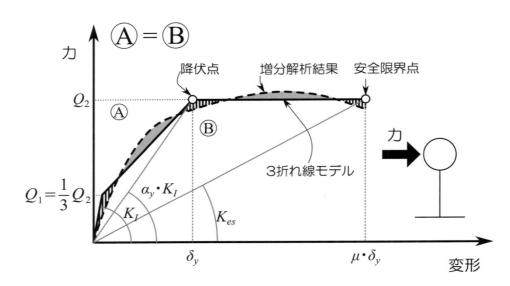

図 4.2-1　増分解析結果と3折れ線モデル

しかし、本計算では、手計算で行うことを前提としていますので、図4.2-1の様な性能曲線を得ることができません。そこで、便宜上、ここでは以下のような仮定を設けます。

① 降伏点剛性低下率 α_y は 0.25（1/4）とする。
② 安全限界時塑性率 μ は5とする

一般的に、

$$T = 2\pi\sqrt{\frac{M}{K}}$$

より、周期は剛性の平方根に反比例します。そのため、①の仮定から、降伏時等価周期 T_y は、

$$T_y = \frac{T_d}{\sqrt{\alpha_y}} = \sqrt{4} \times T_d = 2T_d$$

となります。安全限界点での等価周期（安全限界固有周期）T_s は、同様に安全限界時塑性率 μ を用いて、

$$T_s = \frac{T_y}{\sqrt{\frac{1}{\mu}}} = \sqrt{\mu} \times T_y = \sqrt{5} \times T_y = 2.24 T_y = 4.47 T_d$$

となります。

　①の仮定は、本来は増分解析を用いて検証する必要があります。降伏点剛性低下率 α_y を大きく見積もると、同じ安全限界時変形でも、安全限界時塑性率 μ が大きくなり、次節で求める応答低減係数が大きくなるので注意が必要です。ここでは、実験等により一般的に確認される降伏点剛性低下率を参考に、小さめの値として 0.25 を採用しました。

　②の仮定に対しては、最後に保証設計で、安全限界時塑性率 μ が 5 に相当する変形以上、建築物が変形できることを確認します。

コーヒーブレイク　【降伏変位と塑性率】

　平 12 建告第 1457 号第 9 の第三号では、性能曲線から安全限界変位での塑性率を求めるための方法が記されています。その方法は、図 1 に示すように、一般的に曲線で得られる荷重増分解析による性能曲線に対して、図中の A-B の様な 2 折れ線に置換し、A 点での変位を δ_y として、安全限界変位 Δ_s を δ_y で除して塑性率を求めるという方法です。

　ここで、A 点と B 点での耐力はともに等しく、安全限界点での耐力とします。更に、性能曲線と 2 折れ線の面積（ひずみエネルギー）が等しくなるように A 点での変位を求めます。つまり、図中の① の面積と② の面積が等しくなるように A 点を決めることになります。

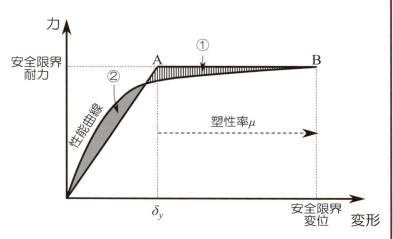

図 1　性能曲線のモデル化

コーヒーブレイク　【降伏変位の重要性】

　安全限界時応答点の算出では、加速度の低減係数 F_h の影響は非常に大きくなります。この F_h は本書の本文にもあるように、塑性率 μ に依存します。建築物全体の等価 1 自由度系で等価減衰定数 h を評価する場合、結局は降伏変位 δ_y をどのように定義するかがきわめて重要になることが分かります。例えば、図 1 に示すように、降伏変位および降伏時周期 T_y を弾性周期と定義した場合、図のように δ_{y1} は極めて小さく評価されることになり、塑性率 μ_1 は大きくなりすぎることになってしまいます。その結果、応答低減係数 F_h は過小評価となります。ひび割れなどの剛性低下を考慮して、適切な降伏変位 δ_{y2} を設定することが精確な耐震性能評価を実施する上できわめて重要となります。

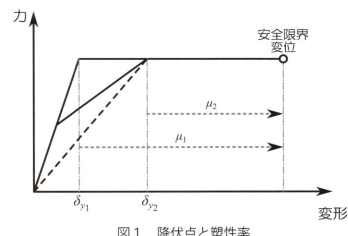

図 1　降伏点と塑性率

4.2.2　等価粘性減衰定数と応答低減係数

建築物は安全限界時塑性率 μ だけ塑性化することにより、地震のエネルギーを吸収します。これにより、建築物の地震時の応答は弾性状態に比べて低減することができます。この効果を、等価な弾性系での減衰定数に置き換えたものが等価粘性減衰定数です。建築物の等価粘性減衰定数 h は、建築物の各部材の安全限界点での減衰特性により計算する方法と、図 4.2-1 に示す等価 1 自由度系での性能曲線における安全限界時塑性率 μ から求める方法がありますが、ここでは、後者により求めることにします。また、地盤と建築物の相互作用を考慮するため、建築物のロッキングおよびスウェイ挙動による減衰を加味することができますが、ここでは無視することとします。

性能曲線から等価粘性減衰定数 h を決定する場合は、次式によります。

$$h = \gamma_1 \left(1 - \frac{1}{\sqrt{\mu}}\right) + 0.05$$

ここで、γ_1 は構造形式による係数で、鉄筋コンクリート造など「部材を構成する材料および隣接する部材との接合部が緊結された部材」では 0.25、鉄骨造など「その他の部材または地震力が作用するときに座屈による耐力低下を生ずる圧縮力を負担する筋かい部材」では 0.20 とします。0.05 は建築物内部が弾性状態でも保有している減衰定数で、内部粘性減衰定数と呼ばれます。建築物が塑性化していないときは、減衰定数は 0.05 となります。

この等価粘性減衰定数に応じて、建築物の応答は小さくなることになります。この振動の減衰による加速度の低減率は F_h と呼ばれ、次式で計算できます。

$$F_h = \frac{1.5}{1 + 10h}$$

ひとりでやってみよう8

■等価粘性減衰定数 h と加速度の低減率 F_h を求めます。

演習シート3の＜ 58 ＞～＜ 63 ＞に記入します。

求め方の手順

① 構造形式から γ_1 を選択し、安全限界時塑性率 μ に従って、h を計算します。

$$\gamma_1 = \langle\underline{}^{58}\rangle$$

$$h = \gamma_1\left(1 - \frac{1}{\sqrt{\mu}}\right) + 0.05 = \langle\underline{}^{59}\rangle \times \left(1 - \frac{1}{\sqrt{\langle\underline{}^{60}\rangle}}\right) + 0.05$$

$$= \langle\underline{}^{61}\rangle$$

② ①の h を用いて、加速度の低減率 F_h を計算します。

$$F_h = \frac{1.5}{1 + 10 \times \langle\underline{}^{62}\rangle} = \langle\underline{}^{63}\rangle$$

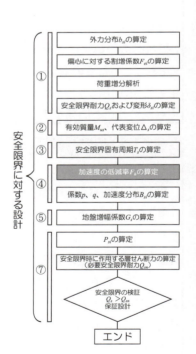

コーヒーブレイク 【等価粘性減衰定数について】

1自由度系モデルにおいて、力と変形の関係に非線形（弾性でない）モデルを採用し、正負同じ変形量でずっと繰り返し振動した場合（定常応答）、その非線形挙動を等価な弾性系で考えるときの等価粘性減衰は、理論的に次の式で表すことができます。

$$h = \frac{1}{4\pi} \frac{\Delta W}{W}$$

ここで、ΔWは1サイクルの履歴消費エネルギー、Wはひずみエネルギーの最大値です。例えば、図1に示すようなバイリニアーモデルの場合、ΔWは1周分で囲まれる面積、Wは図中のハッチ部分の三角形の面積になります。幾何学的に減衰定数を計算することができ、

$$h_{eq} = \frac{2}{\pi}\left(1 - \frac{1}{\mu}\right)$$

となります。このモデルは、鉄骨造によく使われるモデルです。

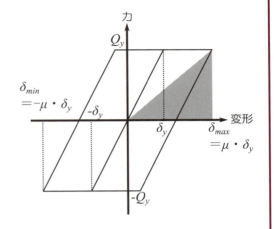

図1　バイリニアー型

一方、鉄筋コンクリート造によく用いられる図2のようなモデルの場合も、幾何学的に減衰定数を計算できます。

$$h_{eq} = \frac{1}{\pi}\left(1 - \frac{1}{\sqrt{\mu}}\right)$$

となります。

しかし、地震時の建築物の挙動は定常応答ではないため、定常応答を対象に求めた等価粘性減衰定数では減衰効果が大きすぎることになります。そのため、平12建告第1457号第9では、構造形式に応じて次式のいずれかにより求めることとしています。

$$h_{eq} = 0.25\left(1 - \frac{1}{\sqrt{\mu}}\right) \quad （図2に対応）$$
$$h_{eq} = 0.20\left(1 - \frac{1}{\sqrt{\mu}}\right) \quad （図1に対応）$$

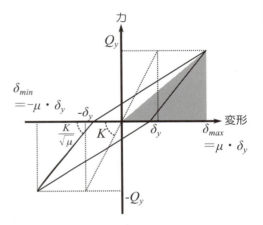

図2　除荷剛性劣化モデル

これらをグラフで表したのが図3です。告示の値は除荷剛性劣化モデルの定常応答に比べて65～70%程度に低減されていることが分かります。

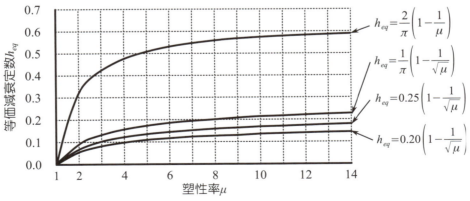

図3　等価減衰定数の違い

コーヒーブレイク　【等価線形化手法と減衰定数】

　応答スペクトルは質点の弾性応答を表しますが、通常、建築物の地震応答は、塑性化を含めて複雑な挙動となります。ただし、建築物を縮約した質点モデルについて、図1に示した荷重（Q）－代表変位（Δ）の関係を表す曲線上の1点を頂点とする履歴を考えると、同図に示すように、割線剛性Kに基づく等価周期Tの弾性応答と見なして、挙動を評価することができます。この考え方を等価線形化法と呼びます。この振動系の減衰は、履歴減衰を含めた等価粘性減衰定数hで表されます。

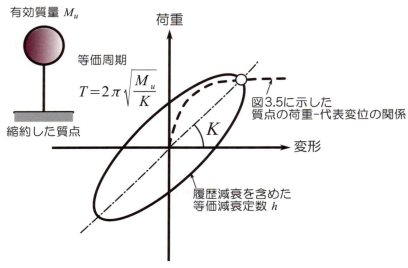

図1　等価質点モデルの履歴

　鉄筋コンクリート造建築物の場合、安全限界時における等価粘性減衰定数hは、平12建告第1457号第9に従い、以下のいずれかの方法で計算することができます。

<① 建築物を構成する個々の部材の減衰特性から求める場合>
　安全限界時における等価粘性減衰定数hは、個々の部材の減衰特性を勘案して、式(1)で計算できます。

$$h = \frac{\sum_{i=1}^{N}({}_m h_{ei} \cdot {}_m W_i)}{\sum_{i=1}^{N}{}_m W_i} + 0.05 \quad (1)$$

　ここで、${}_m h_{ei}$：安全限界時における部材iの減衰定数で、式(2)による。
　　　　　${}_m W_i$：安全限界時における部材iのポテンシャルエネルギーを表し、式(4)による。
　　　　　N：部材数

$$ {}_m h_{ei} = 0.25\left(1 - \frac{1}{\sqrt{{}_m Df_i}}\right) \quad (2)$$

　　　　ここで、${}_m Df_i$：部材iの塑性率で、式(3)による。

$$ {}_m Df_i = \frac{{}_m \delta_{si}}{{}_m \delta_{dy}} \quad \text{ただし、} {}_m Df_i < 1 \text{ならば、} {}_m Df_i = 1 \quad (3)$$

　　　　　　ここで、${}_m \delta_{si}$：建築物の安全限界変位時における部材iの変形
　　　　　　　　　　${}_m \delta_{di}$：部材iの損傷限界変形

$$_mW_i = \frac{_m\delta_{si} \cdot {_mQ_{si}}}{2} \tag{4}$$

ここで、$_mQ_{si}$：部材 i の耐力

<② 建築物全体の減衰特性から求める場合>

建築物全体について、安全限界時における等価粘性減衰定数 h は式 (5) で計算できます。

$$h = 0.25\left(1 - \frac{1}{\sqrt{Df}}\right) + 0.05 \tag{5}$$

ここで、Df：建築物の塑性率で、「コーヒーブレイク　降伏変位と塑性率」（p.71）を参照してください。

ただし、コーヒーブレイクでは塑性率を μ で表しています。

コーヒーブレイク　【建築物と地盤の相互作用を考慮した等価粘性減衰定数について】

本書では、基礎は固定と仮定し、地盤と建築物の相互作用は考慮しないで建築物の等価粘性減衰定数を建築物の等価 1 自由度系での塑性率に応じて決めました。ここでは、その他の方法として、地盤調査によって地盤の特性を求めた場合の等価粘性減衰定数について紹介します。

建築物は地盤の上に建っているため、地盤の影響を受けます（建築物と地盤の相互作用）。地震による慣性力は地盤にも作用し、また、地盤の硬さ（剛性）に従って変形もします。この地盤の変形により、建築物は脚部で水平に移動（スウェイ）したり、回転（ロッキング）したりします。この影響を正確に再現するためには、地盤もモデル化して建築物と一体で解析する必要があります。しかし、この解析はとても複雑になるため、図 1 に示すように、ロッキング挙動を再現するばねとスウェイ挙動を再現するばねの 2 つを取り込んで、簡略にモデル化する方法があります。ロッキングばね、スウェイばねの硬さとそれらの減衰定数 h_{ro} および h_{sw} は、地盤調査によって求めます。このロッキングばね、スウェイばねの剛性と建築物質量から、ロッキング周期 T_{ro} とスウェイ周期 T_{sw} を求めることができます。これらの数値を用いると、平 12 建告第 1457 号第 9 第四号より、相互作用を考慮した減衰定数は、次式で計算できます。

$$h = \frac{1}{r^3}\left\{h_{sw}\left(\frac{T_{sw}}{T_s}\right)^3 + h_{ro}\left(\frac{T_{ro}}{T_s}\right)^3 + h_b\right\}$$

ここで、r は周期調整係数、$h_{sw}\left(\frac{T_{sw}}{T_s}\right)$ が 0.3 を超える場合は 0.3 とし、$h_{ro}\left(\frac{T_{ro}}{T_s}\right)$ が 0.15 を超える場合は 0.15 とします。また、h_b は、建築物の減衰定数です。

式からもわかるように、建築物の周期が短いときに、相互作用による減衰定数は相対的に大きくなります。例えば、壁の多い低層建築物などが該当します。

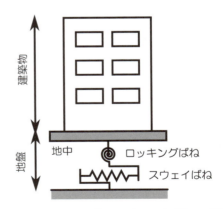

図 1　ロッキング・スウェイばねモデル

4.2.3 外力分布 b_{si}

次に、各階の安全限界時の各階慣性力を算出するのに必要な、各階の b_{si} を求めます。b_{si} は次式で求めることができます。

2 階（最上階）　　　$b_{si}=1+(\sqrt{\alpha_i}-\alpha_i^2)\cdot\dfrac{2h(0.02+0.01\lambda)}{1+3h(0.02+0.01\lambda)}\cdot\dfrac{\Sigma M_i}{M_N}$

1 階（最上階以外）　$b_{si}=1+(\sqrt{\alpha_i}-\sqrt{\alpha_{i+1}}-\alpha_i^2+\alpha_{i+1}^2)\cdot\dfrac{2h(0.02+0.01\lambda)}{1+3h(0.02+0.01\lambda)}\cdot\dfrac{\Sigma M_i}{M_i}$

ここで、h は建築物の高さ、λ は建築物の高さのうち、鉄骨または木造の部分の比率を表します。モデルプランでは、h=7.57（m）、λ=0 となります。また、α_i は Ai 分布を計算するときに算出した係数で、ここでは、α_1=1.0、α_2=0.508 です。

では、実際に求めてみましょう。

ひとりでやってみよう9

■各階の b_{si} を計算します。

演習シート 3 の＜ 64 ＞～＜ 72 ＞に記入します。

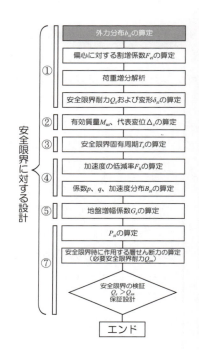

求め方の手順

① α_i、h、M_i を用いて、各階の b_{si} を計算します。

2 階　$b_{s2}=1+(\sqrt{\alpha_2}-\alpha_2^2)\cdot\dfrac{0.04h}{1+0.06h}\cdot\dfrac{\Sigma M_i}{M_2}$

　　　　　$=1+(\sqrt{0.508}-0.508^2)\cdot\dfrac{0.04\times7.57}{1+0.06\times7.57}\cdot\dfrac{227+220}{227}=1.19$

1 階　$b_{s1}=1+(\sqrt{\alpha_1}-\sqrt{\alpha_2}-\alpha_1^2+\alpha_2^2)\cdot\dfrac{0.04h}{1+0.06h}\cdot\dfrac{\Sigma M_i}{M_1}$

　　　　　$=1+(\sqrt{\langle\,^{64}\underline{\qquad}\,\rangle}-\sqrt{\langle\,^{65}\underline{\qquad}\,\rangle}-\langle\,^{66}\underline{\qquad}\,\rangle^2+\langle\,^{67}\underline{\qquad}\,\rangle^2)\times\dfrac{0.04\times\langle\,^{68}\underline{\qquad}\,\rangle}{1+0.06\times\langle\,^{69}\underline{\qquad}\,\rangle}\times\dfrac{\langle\,^{70}\underline{\qquad}\,\rangle}{\langle\,^{71}\underline{\qquad}\,\rangle}$

　　　　　$=\langle\,^{72}\underline{\qquad}\,\rangle$

コーヒーブレイク　【振動モード形について】

　本書では、加速度の分布形を表す係数 b_{di} および b_{si} は、Ai 分布に基づき求める方法によりました。そのため、b_{di} と b_{si} が同じ値となっています。しかし、平 12 建告第 1457 号第 4 において、建築物階数が 6 階以上の場合は、損傷限界固有周期および安全限界固有周期に対応した刺激関数に応じて b_{di} および b_{si} を計算しなければならないとしています。

　この方法は、例えば安全限界点を例として図 1 に示すように、各限界点での等価剛性（限界点と原点を結んだ割線剛性）と各階の質量を用いて、モード解析（固有値解析）を実施することにより求まります。例えば、2 階建ての場合は、図 2 に示すような 2 つのモードが出てきます。この 2 つのモードに対して、刺激係数がそれぞれ β_1、β_2 として求まります。これと図 2 に示すモードベクトルを用いて、各階の加速度の分布形は次のように求めます。

$$b_{s2} = \sqrt{(\beta_1 \cdot {}_1u_2)^2 + (\beta_2 \cdot {}_2u_2)^2}$$

$$b_{s1} = \sqrt{(\beta_1 \cdot {}_1u_1)^2 + (\beta_2 \cdot {}_2u_1)^2}$$

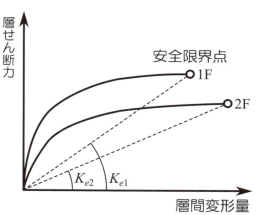

図 1　安全限界点での各階の等価剛性

　このような、各階を一つの質点で表す串団子モデルの場合、モード形は階数分だけ出てきますが、一般的には、3 次モード程度までを考慮し、それより高次のモードは無視します。しかし、この方法を用いるためには、増分解析を実施するための外力分布形を決めるために、増分解析結果が必要となり、結果的には収束計算が必要となってしまいます。

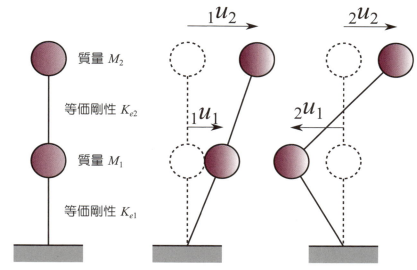

(a)　串団子モデル　　(b)　1 次の振動モード　　(c)　2 次の振動モード

図 2　建築物のモデルと振動モード

4.2.4 有効質量 M_{us}

　安全限界の建築物の変位は、建築物全体の損傷分布などにより大きな影響を受けます。そのため、正確には、荷重増分解析などの解析による必要があります。モデルプランでは、おおよそ全体崩壊形が形成されていますので、ほぼ逆三角形分布、つまり水平変形量は各階の地盤面からの高さに比例すると仮定することができます。例えば、層崩壊するような建築物では、その層の層間変形を大きくし、他の層の層間変形は小さくなるよう、適切に設定する必要があります。ここでは、さらに簡略化のため、$\delta_1=1$、$\delta_2=2$ と仮定します。ここで、δ_1 と δ_2 はこれから求める有効質量比などを計算するのに必要となりますが、その計算にはとりあえず、δ_1 と δ_2 の比率が必要なだけで、絶対値は必要ありません。そのため、ここでは δ_1 を 1.0 として基準化しています。

　ここではまず、有効質量を求めます。有効質量 M_{us} は、

$$M_{us}=\frac{(\sum M_i \cdot \delta_i)^2}{\sum M_i \cdot \delta_i^2}$$

で求まります。ここで、M_i は i 階の質量で、$M_1=220$ ton、$M_2=227$ ton です。

ひとりでやってみよう10

■有効質量を計算します。

演習シート 3 の＜ 73 ＞〜＜ 85 ＞に記入します。

求め方の手順

① 各階の質量 M_i に想定する変形量 δ を掛け合わせます。

$$M_1 \cdot \delta_1 = \underset{1階の質量}{220} \times \underset{1階の\delta_1}{1} = 220$$

$$M_2 \cdot \delta_2 = \underset{2階の質量}{\langle 73 \quad \rangle} \times \underset{\delta_2}{\langle 74 \quad \rangle} = \langle 75 \quad \rangle$$

② ①で求めた数値の合計 $\sum M_i \cdot \delta_i$ を計算します。

$$\sum M_i \cdot \delta_i = M_1 \cdot \delta_1 + M_2 \cdot \delta_2 = \underset{M_1 \times \delta_1}{220} + \underset{M_2 \times \delta_2}{\langle 76 \quad \rangle} = \underset{\sum M_i \times \delta_i}{\langle 77 \quad \rangle}$$

③ 各階の重量 M_i に想定する変形量 δ^2 を掛け合わせます。

$$M_1 \cdot \delta_1^2 = \underset{1階の質量}{220} \times \underset{1階の\delta_1^2}{1^2} = 220$$

$$M_2 \cdot \delta_2^2 = \underset{2階の質量}{\langle 78 \quad \rangle} \times \underset{\delta_2^2}{\langle 79 \quad \rangle} = \langle 80 \quad \rangle$$

④ ③で求めた数値の合計 $\sum M_i \cdot \delta_i^2$ を計算します。

$$\sum M_i \cdot \delta_i^2 = M_1 \cdot \delta_1^2 + M_2 \cdot \delta_2^2 = \underset{M_2 \times \delta_2^2}{\underbrace{220}} + \langle \underset{}{\overset{81}{\rule{2em}{0.4pt}}} \rangle = \langle \underset{\sum M_i \times \delta_i^2}{\overset{82}{\rule{2em}{0.4pt}}} \rangle$$

(矢印注記: $M_1 \times \delta_1^2$)

⑤ ②の2乗を④で除し、安全限界状態での有効質量を求めます。

$$M_{us} = \langle \underset{(\sum M_i \times \delta_i)^2}{\overset{83}{\rule{2em}{0.4pt}}} \rangle \div \langle \underset{\sum M_i \times \delta_i^2}{\overset{84}{\rule{2em}{0.4pt}}} \rangle = \langle \overset{85}{\rule{2em}{0.4pt}} \rangle$$

4.2.5 係数 p

ここでは、係数 p を表 4.2-1 を用いて計算します。係数 p は、表にあるとおり、安全限界固有周期 T_s と建築物階数で決まります。モデルプランの T_s は p.71 に示したとおり、剛性低下率および安全限界時塑性率を考慮して、$4.47T_d$ となります。

表 4.2-1 係数 p

階数	安全限界固有周期	
	0.16 秒以下の場合	0.16 秒超の場合
1	$1.00 - \dfrac{0.20}{0.16}T_s$	0.80
2	$1.00 - \dfrac{0.15}{0.16}T_s$	0.85
3	$1.00 - \dfrac{0.10}{0.16}T_s$	0.90
4	$1.00 - \dfrac{0.05}{0.16}T_s$	0.95
5 以上	1.00	1.00

ひとりでやってみよう 11

■係数 p を求めます。

演習シート 3 の $\langle ^{86}\ \rangle \sim \langle ^{90}\ \rangle$ に記入します。

求め方の手順

① $T_s = 4.47T_d$ を用いて、安全限界時固有周期を求めます。

$$T_s = 4.47T_d = 4.47 \times \langle \overset{86}{\rule{2em}{0.4pt}} \rangle = \langle \overset{87}{\rule{2em}{0.4pt}} \rangle$$

$T_s \leqq 0.16$ の場合

$$p = 1.00 - \frac{0.15}{0.16}T_s = 1.00 - \frac{0.15}{0.16} \times \langle \overset{88}{\rule{2em}{0.4pt}} \rangle = \langle \overset{89}{\rule{2em}{0.4pt}} \rangle$$

$T_s > 0.16$ の場合

$$p = 0.85$$

② 建築物の階数が 2 階であることを考慮して、表 4.2-1 により、係数 p を求めます。

よって、$p = \langle \overset{90}{\rule{2em}{0.4pt}} \rangle$

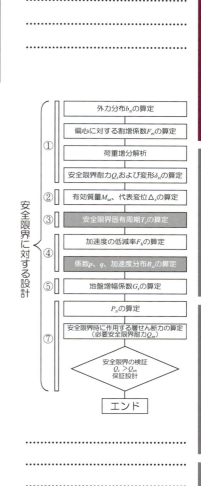

4.2.6 係数 q

ここでは、有効質量比 $\dfrac{M_{us}}{\sum M_i}$ に応じて、係数 q を求めます。係数 q は、表 4.2-2 に従って求めます。

表 4.2-2 係数 q

有効質量比	0.75 未満	$0.75 \dfrac{\sum M_i}{M_{us}}$
	0.75 以上	1.0

ひとりでやってみよう 12
■係数 q を求めます。

演習シート 4 の＜ 91 ＞～＜ 94 ＞に記入します。

求め方の手順

① 有効質量比 $\dfrac{M_{us}}{\sum M_i}$ を計算します。

② 有効質量比に応じて、表 4.2-2 により、係数 q を求めます。

$$\frac{M_{us}}{\sum M_i} = \frac{\langle {}^{91}\underline{\qquad}\rangle}{\langle {}^{92}\underline{\qquad}\rangle} = \langle {}^{93}\underline{\qquad}\rangle$$

$$q = \langle {}^{94}\underline{\qquad}\rangle$$

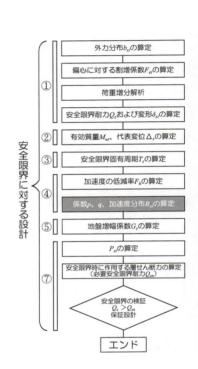

4.2.7 B_{si} 分布

これまでに求めた b_{si}、p、q および有効質量 M_{us} を用いて、B_{si} を計算します。この B_{si} は、Ai 分布で規定される層せん断力の分布形から逆算される、各階にかかる慣性力分布形を表します。B_{si} は次式で計算します。

$$B_{si} = p \cdot q \cdot \frac{M_{us}}{\sum_{j=1}^{N} M_j} \cdot b_{si}$$

ひとりでやってみよう 13

■ B_{si} を求めます。

演習シート4の<95>～<104>に記入します。
M_1=220 ton、M_2=227 ton とします。

$$B_{s2} = p \cdot q \cdot \frac{M_{us}}{M_1 + M_2} \cdot b_{s2}$$
$$= \langle\underset{p}{\underline{95}}\rangle \times \langle\underset{q}{\underline{96}}\rangle \times \langle\underset{M_{us}/\Sigma M_i}{\underline{97}}\rangle \times \langle\underset{b_{s2}}{\underline{98}}\rangle$$
$$= \langle\underline{99}\rangle$$

$$B_{s1} = p \cdot q \cdot \frac{M_{us}}{M_1 + M_2} \cdot b_{s1}$$
$$= \langle\underset{p}{\underline{100}}\rangle \times \langle\underset{q}{\underline{101}}\rangle \times \langle\underset{M_{us}/\Sigma M_i}{\underline{102}}\rangle \times \langle\underset{b_{s1}}{\underline{103}}\rangle$$
$$= \langle\underline{104}\rangle$$

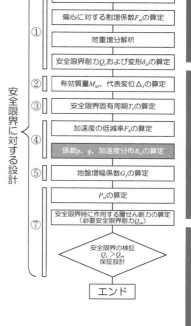

4.2.8 地盤の増幅係数 G_s

工学的基盤の上面より浅い地盤（表層地盤）による加速度の増幅係数 G_s をここで求めます。求める方法は、平12建告第1457号にいくつか示されていますが、ここでは、損傷限界状態と同じく、次に示す略算方法により求めます。

増幅係数 G_s は、地盤種別によって、以下により求めます。

第1種地盤

$$G_s = \begin{cases} 1.5 & T_s < 0.576 \\ \dfrac{0.864}{T_s} & 0.576 \leq T_s < 0.64 \\ 1.35 & 0.64 \leq T_s \end{cases}$$

第2種地盤、第3種地盤

$$G_s = \begin{cases} 1.5 & T_s < 0.64 \\ 1.5 \dfrac{T_s}{0.64} & 0.64 \leq T_s < T_u \\ g_v & T_u \leq T_s \end{cases}$$

ここで、g_v=2.025(第2種地盤)、2.7(第3種地盤)、$T_u = 0.64 \left(\dfrac{g_v}{1.5}\right)$

memo

ひとりでやってみよう14

■地盤の増幅係数 G_S を求めます。

演習シート 5 の＜105＞〜＜107＞に記入します。
$T_s=0.68$ 秒であることを考慮して求めましょう。

求め方の手順

① T_u を求めます。
② G_s を求めます。

$$T_u = 0.64 \frac{g_v}{1.5} = 0.64 \times \frac{\langle 105\ \ g_v\ \rangle}{1.5} = \langle 106\ \ \ \rangle$$

$$G_s = \langle 107\ \ \ \rangle$$

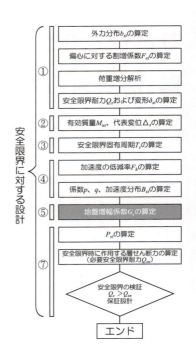

4.2.9 地震力 P_{si}

ここでは、安全限界状態での耐力（安全限界耐力）と比較する地震力を求めます。ここで求める地震力は、各階に水平方向に生じる力 P_{si} であり、慣性力に相当します。P_{si} は、安全限界周期 T_s、各階の質量 $M_1=220$ ton、$M_2=227$ ton、慣性力分布形 B_{si}、地域係数 Z（$=1.0$）、地盤の増幅係数 G_s、加速度の低減率 F_h をもとに、次式により求めます。

$$p_{si} = \begin{cases} (3.2+30T_s)\cdot M_i \cdot B_{si} \cdot F_h \cdot Z \cdot G_s & T_s < 0.16 \\ 8 M_i \cdot B_{si} \cdot F_h \cdot Z \cdot G_s & 0.16 \leq T_s < 0.64 \\ \dfrac{5.12 M_i \cdot B_{si} \cdot F_h \cdot Z \cdot G_s}{T_s} & 0.64 \leq T_s \end{cases}$$

また、各階の安全限界時に必要な層せん断力 Q_{si} は、当該階以上の P_{si} の合計として求めることができます。最後に、層せん断力係数 C_{si} を求めます。これは、層せん断力 Q_{si} を、当該階以上の重量で除して求めます。

memo

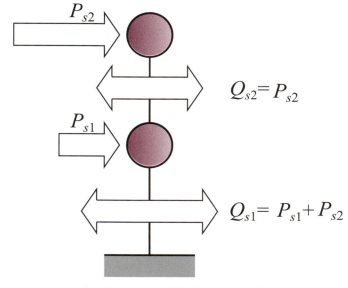

図 4.2-2　慣性力と層せん断力

ひとりでやってみよう 15

■安全限界時での P_{si}、Q_{si}、C_{si} を求めます。

演習シート 5 の＜ 108 ＞～＜ 121 ＞に記入します。

ここでは、安全限界時での地震力 P_{si}、建築物に必要な層せん断力 Q_{si}、そのときの層せん断力係数 C_{si} を次の手順で求めます。

求め方の手順

① まず P_{si} を求めます。T_s=0.68 秒であるので、

$$P_{si} = \frac{5.12\, M_i \cdot B_{si} \cdot F_h \cdot Z \cdot G_s}{T_s}$$

となります。ここで、各階の質量は M_1=220 ton、M_2=227 ton、B_{si} は慣性力分布形、地域係数 Z は 1.0、地盤の増幅係数 G_s は 1.59 でした。

② 各階以上の P_{si} を足しあわせて、層せん断力 Q_{si} を求めます。つまり、

　　$Q_{s2}=P_{s2}$
　　$Q_{s1}=P_{s1}+P_{s2}$

となります。

③ 層せん断力 Q_{si} を当該階以上の重量で（W_1=2157 kN、W_2=2227 kN）除すことにより、層せん断力係数 C_{si} を求めます。つまり、

$$C_{s2} = \frac{Q_{s2}}{W_2} \quad , \quad C_{s1} = \frac{Q_{s1}}{W_1 + W_2}$$

$$p_{s2} = 5.12 \times \underset{M_2(ton)}{\boxed{227}} \times \underset{B_{s2}}{\boxed{0.91}} \times \underset{F_h}{\boxed{0.52}} \times \underset{Z}{\boxed{1.0}} \times \underset{G_s}{\boxed{1.59}} \div \underset{T_s}{\boxed{0.68}} = 1290 \text{ kN}$$

$$p_{s1} = 5.12 \times \underset{M_1}{\langle \underline{\quad 108 \quad} \rangle} \times \underset{B_{s1}}{\langle \underline{\quad 109 \quad} \rangle} \times \underset{F_h}{\langle \underline{\quad 110 \quad} \rangle} \times \underset{Z}{\langle \underline{\quad 111 \quad} \rangle} \times \underset{G_s}{\langle \underline{\quad 112 \quad} \rangle} \div \underset{T_s}{\langle \underline{\quad 113 \quad} \rangle}$$

$$= \langle \underline{\quad 114 \quad} \rangle$$

$$Q_{s2} = p_{s2} = 1290$$
$$Q_{s1} = p_{s1} + p_{s2} = \langle \underline{\quad 115 \quad} \rangle + \langle \underline{\quad 116 \quad} \rangle = \langle \underline{\quad 117 \quad} \rangle$$

$$C_{s2} = \frac{Q_{s2}}{W_2} = \frac{1290}{\underset{W_2(kN)}{\boxed{2227}}} = 0.58$$

$$C_{s1} = \frac{Q_{s1}}{W_1 + W_2} = \frac{\overset{Q_{s1}}{\langle \underline{\quad 118 \quad} \rangle}}{\underset{W_1(kN)}{\langle \underline{\quad 119 \quad} \rangle} + \underset{W_2(kN)}{\langle \underline{\quad 120 \quad} \rangle}} = \langle \underline{\quad 121 \quad} \rangle$$

第5章

第5章 各限界状態時の耐力・応答の評価と性能の検証

5. 各限界状態時の耐力・応答の評価と性能の検証

5.1 損傷限界時の耐力（損傷限界耐力）

本書では、建築物の損傷限界状態を柱・梁部材のいずれかが初めて許容応力度に達するときと定義します。したがって、建築物が損傷限界に達するときの損傷限界耐力は【許容応力度計算編】の設計用地震層せん断力より、Q_1=877 kN、Q_2=529 kN は最低でも保証されていることになります。前章の計算より、限界耐力計算で建築物に要求される耐力は、Q_{d1}=861 kN、Q_{d2}=519 kN ですので、損傷限界耐力が要求耐力を上回っていることを確認できます。

図 5.1-1 では限界耐力計算の損傷限界時の設計用地震力（等価1自由度系）を建築物の許容応力度計算の設計用地震力（$Z・R_t・C_0$=1.0 × R_t × 0.2）と比較しています。本建築物では許容応力度計算の設計用地震力が限界耐力計算の損傷限界時の設計用地震力の上限とおよそ一致することがわかります。

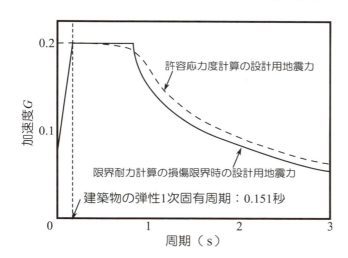

図 5.1-1　限界耐力計算と許容応力度計算の設計用地震力の比較

本書では上記により損傷限界時の性能を検証できましたが、一方で損傷限界時の損傷限界耐力を定量的に評価していません。建築物の損傷限界状態は柱・梁部材のいずれかが初めて許容応力度に達するときと定義しましたので、以下の手順に従って損傷限界耐力を算出することもできます。

① 梁の各短期許容耐力の短期設計用応力に対する比（耐力余裕度）を算出します。
② 柱の各短期許容耐力の短期設計用応力に対する比（耐力余裕度）を算出します。
③ 接合部の各短期許容耐力の短期設計用応力に対する比（耐力余裕度）を算出します。

④　上記の各部材の耐力余裕度の最小値を建築物の短期設計用層せん断力（上記の Q_1、Q_2）に対する余裕度とみなすと、建築物の損傷限界時の損傷限界耐力を短期設計用地震力と余裕度の積として評価できます。

5.2　安全限界時の耐力（安全限界耐力）・地震応答

　一方、本書のモデルプランは、ほぼ曲げ降伏先行型の全体降伏機構を形成しており、建築物は設計で保証する変形の範囲内で耐力低下しないものと考えます。したがって、建築物の安全限界時の安全限界耐力は、【保有水平耐力計算編】で算定した保有水平耐力 Q_{u1}、Q_{u2} に相当します。

　図 5.2-1 は建築物の安全限界時の検証を行うための概念図です。図 5.2-1(a) では図 5.1-1 と同様に限界耐力計算の安全限界時の設計用地震力（等価1自由度系）を建築物の保有水平耐力計算より得られた終局耐力と比較しています。本書の第4章では建築物の安全限界時塑性率（建築物の変形能力）μ を 5 と設定し、安全限界時の固有周期 T_s（=0.68 秒）と設計用地震力の低減率 F_h（=0.52）を求めました。低減率 F_h を考慮しない設計用地震力を細実線で、低減した地震力を太実線で示しています。太実線と一点鎖線の交点（図の丸印）の縦軸の値が限界耐力計算で建築物の安全限界時に要求される耐力とみなすことができます。すなわち、この要求耐力を建築物の安全限界耐力（図の破線）が上回ることを確認することで、建築物の安全性を検証します。

　一方、図 5.2-1(b) は、上記と同様の性能評価プロセスを、建築物の応答加速度と応答変形の関係（第3章のコーヒーブレイク【$S_a - S_d$ スペクトル】p.54 参照）を用いて示しています。コーヒーブレイクで解説があったように、建築物の応答加速度 S_a と応答変形 S_d の間には $S_a = \left(\dfrac{2\pi}{T}\right)^2 S_d$ の関係がありますので、同図では安全限界時の固有周期 T_s が一点鎖線により表現され、建築物に要求される耐力が○印の縦軸の値になります。また、安全限界時の固有周期（図の一点鎖線）と建築物の安全限界耐力（図の破線）の交点（図の□印）の横軸の値は、建築物の安全限界変形を意味します（建築物の変形能力であり、本書では μ=5 と設定しました）。限界耐力計算では建築物の安全限界時に各階の層間変形角が 1/75 以下に制限されていますので、耐力に加えて変形についても確認することで、建築物の安全性を検証します。

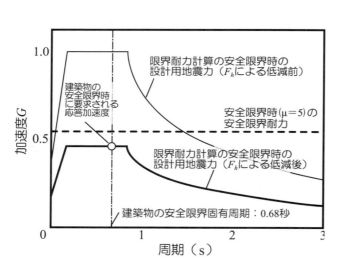
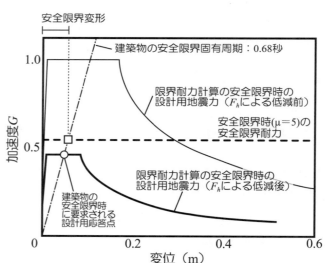

（a）　応答加速度と周期の関係　　　　　（b）　応答加速度と応答変位の関係

図 5.2-1　建築物の安全限界時の各種応答値を算出するための概念図

建築物の等価1自由度系モデルに対して安全限界時に要求される耐力は第4章で既に求めました。ここでは建築物の等価1自由度系モデルの安全限界耐力を算出します。図5.2-2に示すように、本書のモデルプランでは1階と2階の保有水平耐力比 $Q_{u1}:Q_{u2}$ は、設計で想定した加速度分布形 B_{si} に基づく各層の層せん断力比 $B_{s1}・M_1+B_{s2}・M_2:B_{s2}・M_2$ と一致します。これは【保有水平耐力計算編】でモデルプランの保有水平耐力の算出にあたり、Ai分布の外力分布を仮定したこと、建築物が平面的、立面的に整形で偏心率、剛性率による各層の設計用せん断力の割り増しがなかったことに起因します。しかし、建築物の保有水平耐力はその算定方法により必ずしもAi分布とは一致しない場合があります。例えば、1次モード形に比例する外力分布を仮定した荷重増分解析や、節点振り分け法などに基づいて保有水平耐力を算出する場合が該当します。こうした場合には、建築物の各階がそれぞれ保有水平耐力に達するときに、法令上想定する加速度分布形 B_{si} を満足するような1階での層せん断力を算出し、それらの最小値が建築物の安全限界耐力時の1階層せん断力であると考えます。図5.2-3は、2層建築物の2階が保有水平耐力に達するときの1階層せん断力換算値 Q_{u2}' の評価方法を示しています。

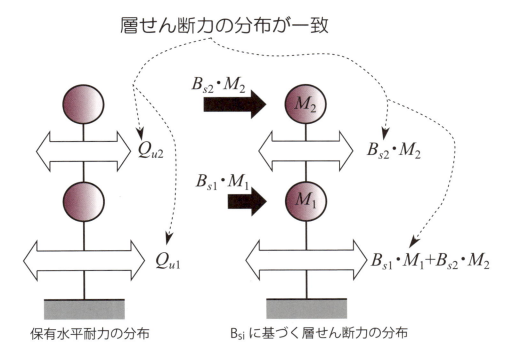

図5.2-2　モデルプランの保有水平耐力と設計用層せん断力の分布の比較

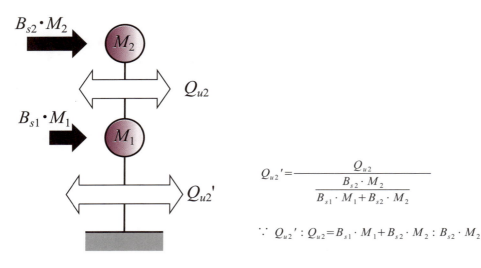

図 5.2-3　2 階が保有水平耐力に達する時の 1 階の層せん断力換算値

モデルプランの場合、1 階が保有水平耐力に達するときの層せん断力係数 q_{s1}、ならびに 2 階が保有水平耐力に達するときの 1 階層せん断力係数換算値 q_{s2}'（図 5.2-3 参照）は下記のように算定できます。ここで、建築物各階が平面的に不整形な場合、保有水平耐力計算では偏心率により要求耐力を F_{ei} 割り増す必要がありますが、限界耐力計算では、層せん断力係数換算値を $\frac{1}{F_{ei}}$ だけ割り引いて評価する必要があります。モデルプランでは 1、2 階ともに偏心率が小さいため $F_{ei}=1.0$ となり、要求耐力の割り増しや層せん断力係数換算値の低減はありません。

$$q_{s1} = \frac{Q_{u1}}{(M_1 \cdot g + M_2 \cdot g) \cdot F_{e1}}$$

$$q_{s2}' = \frac{Q_{u2}'}{(M_1 \cdot g + M_2 \cdot g) \cdot F_{e2}} = \frac{Q_{u2}}{\frac{B_{s2} \cdot M_2}{B_{s1} \cdot M_1 + B_{s2} \cdot M_2} \cdot (M_1 \cdot g + M_2 \cdot g) \cdot F_{e2}}$$

$$\therefore Q_{u2}' : Q_{u2} = B_{s1} \cdot M_1 + B_{s2} \cdot M_2 : B_{s2} \cdot M_2$$

ここで、Q_{u2}'：2 階が保有水平耐力 Q_{u2} に達するときの 1 階の層せん断力（図 5.2-3）

以上のように評価した q_{si} の最小値に建築物の全重量（$=M_1 \cdot g + M_2 \cdot g$）を乗じて得られる Q_s（$=q_{si} \cdot (M_1 \cdot g + M_2 \cdot g)$）が建築物を代表する安全限界時の安全限界耐力です。更に 1 次モードの寄与分を考慮して、Q_s を有効質量 M_{us} で除した値が図 5.2-1 の破線に相当します。限界耐力計算では、こうして得られる Q_s が前章で計算した安全限界時の要求耐力を上回ることを確認して、安全限界時の性能を検証します。

さらに、Q_s を有効質量 M_{us} で除すと安全限界時の建築物を代表する応答加速度 Δ_a（$=\frac{Q_s}{M_{us}}$）が、これを ω_s^2（$=\left(\frac{2\pi}{T_s}\right)^2$）で除すと応答変位 Δ_s（$=\frac{\Delta_a}{\omega_s^2}$）がそれぞれ得られます。また、建築物を代表する応答変位 Δ_s に刺激関数（$\beta \cdot u_i = \frac{\sum M_i \cdot \delta_i}{\sum (M_i \cdot \delta_i^2)} \cdot \delta_i$）を乗じることで各階の応答変位 Δ_{si} が、これを上下階の応答変位の差として層間変位に換算して階高で除すと層間変形角 R_{si} がそれぞれ得られます。

ひとりでやってみよう 16

■安全限界時の安全限界耐力、応答値を計算します。

演習シート 5 を使用します。

求め方の手順

【X 方向の例を示します。】

① 1 階が保有水平耐力に達するときの 1 階の層せん断力係数 q_{s1} を求めます。

$$q_{s1} = \frac{Q_{u1}}{(M_1 \cdot g + M_2 \cdot g) \cdot F_{e1}} = Q_{u1}/(M_1 \cdot g + M_2 \cdot g)/F_{e1}$$

$$= \underline{2401} \div (\underline{2157} + \underline{2227}) \div 1.0$$

$$= \underline{0.55}$$

② 2 階が保有水平耐力に達するときの 1 階の層せん断力係数 q_{s2}' を求めます。

$$q_{s2}' = \frac{Q_{u2}'}{(M_1 \cdot g + M_2 \cdot g) \cdot F_{e2}} = \frac{Q_{u2}}{\boxed{\dfrac{B_{s2} \cdot M_2}{B_{s1} \cdot M_1 + B_{s2} \cdot M_2}} \cdot (M_1 \cdot g + M_2 \cdot g) \cdot F_{e2}}$$

← 4章 ひとりでやってみよう 13

$$= \underline{1448} \div \{\underline{0.91 \times 227} \div (\underline{0.62 \times 220} + \underline{0.91 \times 227})\}$$

$$\div (\underline{2157} + \underline{2227}) \div 1.0 = \underline{0.55}$$

③ q_{s1} と q_{s2}' の最小値に基づいて、建築物の安全限界耐力 Q_s を求めます。

$$Q_s = \min (q_{s1}, q_{s2}') \cdot (M_1 \cdot g + M_2 \cdot g)$$

└ モデルプランでは q_{s1} と q_{s2}' が一致する。

$$= \underline{0.55} \times (\underline{2157} + \underline{2227}) = \underline{2401} \text{ (kN)}$$

④ 安全限界時の応答加速度 Δ_a、応答変位 Δ_s をそれぞれ求めます。

$$\Delta_a = \frac{Q_s}{\boxed{M_{us}}} = \underline{2401} \div \underline{403} = \underline{5.96} \text{ (m/s}^2\text{)}$$

← 4章 ひとりでやってみよう 10

$$\Delta_s = \frac{\Delta_a}{\omega_s^2} = \Delta_a / (2\pi/T_s)^2 = \underline{5.96} \div (\underline{9.24})^2 = \underline{0.0692} \text{ (m)}$$

⑤ 各階の応答変位 Δ_{si}、層間変形角 R_{si} をそれぞれ求めます。

$$\Delta_{s1}=\Delta_s\cdot\beta\cdot u_1=\Delta_s\cdot\frac{\sum M_i\cdot\delta_i}{\sum(M_i\cdot\delta_i^2)}\cdot\delta_1=\Delta_s\{\sum M_i\cdot\delta_i/\sum(M_i\cdot\delta_i^2)\}\delta_1$$

←4章 ひとりでやってみよう10

$$= \underline{0.0692}\times\{\underline{675}\div\underline{1129}\}\times\underline{1} = \underline{0.0413}\,(\mathrm{m})$$

$$\Delta_{s2}=\Delta_s\cdot\beta\cdot u_2=\Delta_s\cdot\frac{\sum M_i\cdot\delta_i}{\sum(M_i\cdot\delta_i^2)}\cdot\delta_2=\Delta_s\{\sum M_i\cdot\delta_i/\sum(M_i\cdot\delta_i^2)\}\delta_2$$

$$= \underline{0.0692}\times\{\underline{675}\div\underline{1129}\}\times\underline{2} = \underline{0.0827}\,(\mathrm{m})$$

$$R_{s1}=\Delta_{s1}\div 4.05=\underline{0.0413}\div 4.05=1/\underline{98}\,(\mathrm{rad.})$$

$$R_{s2}=(\Delta_{s2}-\Delta_{s1})\div 3.47=\underline{0.0413}\div 3.47=1/\underline{84}\,(\mathrm{rad.})$$

方向	加力	階	$M_i\cdot g$	F_{ei}	Q_{ui} (kN)	q_{si}	Q_s (kN)	Δa (m/s²)	Δs (m)	Δs_i (m)	R_{si} (逆数)
X	両方 (← →)	2	2227	1	1448	0.55	2401	5.96	0.0692	0.0827	1/ 84
		1	2157	1	2401	0.55				0.0413	1/ 98
Y	左から右へ (→)	2	2227	1	1539						1/
		1	2157	1	2552						1/
	右から左へ (←)	2	2227	1	1456						1/
		1	2157	1	2416						1/

コーヒーブレイク 【保有水平耐力計算との比較 ～ 崩壊メカニズムと必要強度】

ここでは、極端な例として図1に示すような、全体崩壊メカニズムを形成する建築物と、1層で層崩壊メカニズムを形成する建築物を見てみましょう。この2つの建築物の初期周期 T_e、ベースシアー Q_B、建築物の全重量が同じであると仮定しましょう。

保有水平耐力計算では、層に必要な強度は部材種別判定により決定します。しかし、その部材種別判定では、建築物全体の崩壊形は考慮していません。そのため、図1の(a)のように全体崩壊メカニズムを形成する場合の1階柱と全層の梁部材も、同図(b)のように層崩壊メカニズムを形成する場合の1階柱部材も、全てFAとなることも考えられます。そうすると、1層に必要な D_s は、ともに D_s=0.30 となり得ます。しかし、ピロティ建築物である(b)では、1層に強制される変形量が(a)に比べて大きくなることが考えられます。そのため、「2015年版 建築物の構造関係技術基準解説書」（全国官報販売協同組合）では α_p という係数を導入して、1層の強度割増を推奨しています。

一方、限界耐力計算では、初期周期 T_e、ベースシアー Q_B、建築物の全重量が同じであると性能曲線は等しくなり、結果として、安全限界時応答点での代表変位は(a)、(b)によらず同じとなります。しかし、崩壊形の差により、(a)に示す建築物では、およそ5階床レベルでの変形が代表変位となるのに対して、変形が集中している(b)では、1層の変形がほぼ代表変位に一致することになります。そのため、(b)の建築物が保有する安全限界変形は、(a)に比べて非常に小さくなります。よって、安全限界時応答点が建築物の安全限界点よりも手前になるようにするためには、(b)のような建築物では、(a)に比べて高い強度か、極めて大きな変形性能が結果的に必要になります。

このように、限界耐力計算では、損傷や変形の集中（崩壊形の影響）は、陽に考慮されていることになります。そのため、限界耐力計算では保有水平耐力計算と異なり、剛性率による割増係数 F_s や α_p を用いていません。

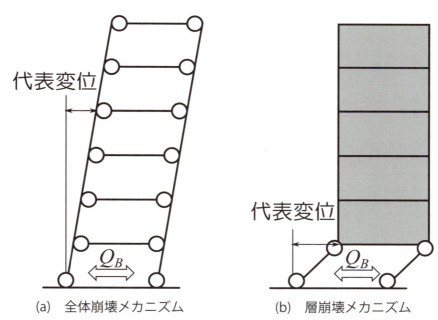

(a) 全体崩壊メカニズム　　　(b) 層崩壊メカニズム
図1　崩壊メカニズムと代表変位

5.3　限界耐力と要求耐力の比較

　以上のとおり算定した建築物の損傷限界時と安全限界時の要求耐力をそれぞれの限界耐力と比較します。

損傷限界時

階 i	損傷限界耐力 Q_i (kN)	要求耐力 Q_{di} (kN)	判定
2	529 以上	519	OK
1	877 以上	861	OK

安全限界時

X 方向

安全限界耐力 Q_s (kN)	要求耐力 $\sum P_{si}$ (kN)	判定
2401	2140	OK

Y 方向（左→右）

安全限界耐力 Q_s (kN)	要求耐力 $\sum P_{si}$ (kN)	判定
2552	2140	OK

Y 方向（右→左）

安全限界耐力 Q_s (kN)	要求耐力 $\sum P_{si}$ (kN)	判定
2416	2140	OK

5.4　応答変形の検証

　限界耐力計算では建築物の安全限界時に各階の層間変形角が 1/75 以下に制限されています。モデルプランの安全限界時の応答変形を検証します。

X 方向

階 i	層間変形角 (rad.)	判定
2	1/84	OK
1	1/98	OK

Y 方向（左→右）

階 i	層間変形角 (rad.)	判定
2	1/79	OK
1	1/92	OK

Y 方向（右→左）

階 i	層間変形角 (rad.)	判定
2	1/83	OK
1	1/97	OK

第6章

6. 保証設計

6.1 保証設計の考え方

　第5章では、建築物の応答点が損傷限界と安全限界状態の許容範囲内に収まることを検証しました。この結果が実現されるためには、建築物の性能曲線と要求曲線の算出において設定した各種仮定が実際に満足されなければなりません。具体的には、建築物の性能曲線を評価する際に設定した崩壊メカニズムが確実に形成される必要があります。これを実現するための一連のプロセスは保証設計と呼ばれ、限界耐力計算では、応答点に、ある安全率を考慮した保証設計点を設定し、保証設計点において建築物の崩壊メカニズムが確実に形成されることを確認します。つまりこの点を安全限界検討点とします。

　ここでは、保証設計点を、図6.1-1に示すように、安全限界状態の検証用地震力に対する応答点におけるひずみエネルギーに対して、1.5倍のひずみエネルギーとなる性能曲線上の点として、評価します。この安全率は、性能曲線の評価時の外力分布（Ai分布）が実際の地震応答時とは異なることや、応答評価法そのものの精度などを念頭に、限界耐力計算と実際の地震応答との誤差が設計上安全側となるように設定しています。この値は塑性変形の割増率として平12建告第1457号に規定されている数値と整合しています。

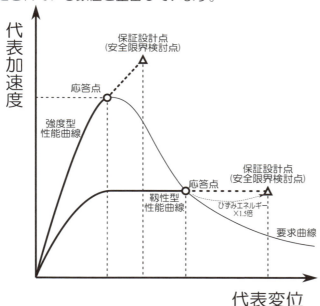

図6.1-1　保証設計点

　また、モデルプランは性能曲線の評価において各部材ともせん断破壊せず、曲げ降伏が先行する全体降伏機構を形成するものと仮定されていることから、保証設計点においてこの崩壊メカニズムを確実に形成するため、本書では下記について確認します。
1．各部材がせん断破壊しないこと。
2．建築物が層崩壊しないこと。
　（ア）柱梁曲げ耐力比が一定以上確保されていること。
　（イ）層せん断余裕率が一定以上確保されていること。

6.2　せん断破壊に対する保証設計の考え方

　モデルプランを構成する柱梁が、保証設計点においてせん断破壊しないこと、すなわち柱梁に作用するせん断力がせん断強度を下回ることを確認します。本書では柱梁のせん断強度を（一社）日本建築学会の「靱性保証型耐震設計指針」に基づいて評価します。本指針では、鉄筋コンクリート部材のせん断に対する抵抗機構をトラス機構とアーチ機構（図 6.2-1）に分離して評価する、いわゆるトラス・アーチ理論に基づくせん断強度の評価法を採用しています。この評価法では、トラス機構と呼ばれる抵抗機構とアーチ機構と呼ばれる抵抗機構によってせん断力が伝達されると考えます。

　トラス機構ではせん断補強筋の引張力と、主筋とコンクリート間の付着力、補強筋間に生じるコンクリートの圧縮力が釣り合うことでせん断力が伝達されます。また、アーチ機構では部材の両端の圧縮域を斜めに結ぶコンクリートの圧縮束によってせん断力が伝達されます。

　式 6.2.1 〜 6.2.4（以下、靱性指針式）の最小値がせん断強度 V_u となります。靱性指針式はトラス機構とアーチ機構の負担せん断力の和で表されます。付着破壊しない場合にはせん断補強筋量に応じて式 6.2.1 〜式 6.2.3 を使用することになります（実際にはせん断補強筋量によってトラス・アーチ機構の負担せん断力の割合が変化するため、それに応じたせん断強度式（式 6.2.1 〜式 6.2.3）を選ぶ必要がありますが、便宜上いずれかの最小値を採用することとしています）。

　式 6.2.1 の第 1 項はトラス機構によるせん断力を、第 2 項はアーチ機構によるせん断力を表しています（せん断補強筋量が比較的少ない場合にせん断補強筋が降伏している状態）。また、式 6.2.2 はせん断補強筋量が増えた場合にトラス機構が支配的となるときのせん断力を表します（せん断補強筋量がやや多い場合にせん断補強筋が降伏し、コンクリートが圧壊している状態）。

　式 6.2.3 はトラス機構によるせん断力の上限値を表しています（せん断補強筋量が十分な場合でコンクリートが圧壊している状態）。

　式 6.2.4 は付着割裂破壊時のトラス・アーチ機構によるせん断力を表しています。

　これらの靱性指針式中には軸力に関する項がないことがわかります。したがって、梁と柱を区別せず、梁と柱のせん断強度は同一の計算手順により求められます。また、靱性指針式では塑性ヒンジの回転角 R_p に応じてせん断強度が低下する効果が考慮されており、仮に同一の部材であっても塑性ヒンジが生じる部材と生じない部材では異なるせん断強度が評価される点に注意が必要です。なお、本書では塑性ヒンジが生じる部材の R_p として各階の柱では建築物の安全限界時における各階の層間変形角を 1.5 倍した値を、R 階の梁では 2 階の層間変形角を 1.5 倍した値を、2 階の梁では 1、2 階の層間変形角の最大値を 1.5 倍した値をそれぞれ用いることとします。

コーヒーブレイク　【塑性ヒンジ回転角 R_p】

　せん断強度の靱性指針式では R_p は塑性ヒンジの回転角として定義されており、部材の曲げ降伏後の塑性回転角を指します。塑性回転角の算定では、一般に部材の全変形角（部材角）から曲げ降伏時の弾性変形角成分を除いて評価していますが、本書では塑性回転角に部材角を用いました。さらに、本書では部材角として層間変形角を用いました。一般に層間変形角は柱と梁の変形が複合して生じるため、部材角は層間変形角を下回ります。以上の計算仮定は R_p を過大に、コンクリート圧縮強度の有効係数 ν を過小に評価します。その結果、せん断強度を低めに評価することになり、設計上安全側の仮定となります。

　一方、上記のとおり、本書では部材角を層間変形角により表現したため、部材端部の剛域の存在は考慮していません。剛域を考慮すると部材角は増大するため、R_p を過小評価し、逆に設計上危険側の仮定となります。本書では結果的にいずれの部材も十分なせん断強度を有するため、一部に危険側の仮定を含めて計算を簡略化しましたが、強度と応力が近接する場合には注意が必要です。

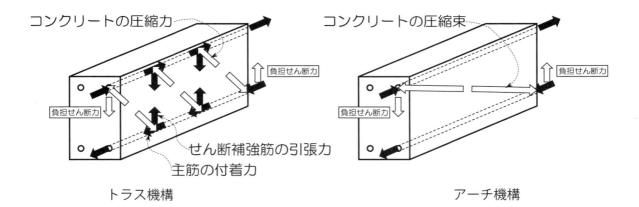

図 6.2-1　トラス機構とアーチ機構のイメージ

$$V_{u1} = \mu \cdot p_{we} \cdot \sigma_{wy} \cdot b_e \cdot j_e + \left(\nu \cdot \sigma_B - \frac{5 p_{we} \cdot \sigma_{wy}}{\lambda}\right) \cdot \frac{b \cdot D}{2} \tan\theta \tag{6.2.1}$$

$$V_{u2} = \frac{\lambda \cdot \nu \cdot \sigma_B + p_{we} \cdot \sigma_{wy}}{3} \cdot b_e \cdot j_e \tag{6.2.2}$$

$$V_{u3} = \frac{\lambda \cdot \nu \cdot \sigma_B}{2} \cdot b_e \cdot j_e \tag{6.2.3}$$

$$V_{bu} = T_x \cdot j_e + \left(\nu \cdot \sigma_B - \frac{2.5 T_x}{\lambda \cdot b_e}\right) \cdot \frac{b \cdot D}{2} \tan\theta \tag{6.2.4}$$

ここで、

V_{u1}、V_{u2}、V_{u3}、V_{bu}：それぞれせん断補強筋の降伏、せん断補強筋の降伏とトラス機構のコンクリートの圧壊、トラス機構のコンクリートの圧壊、主筋の付着破壊によるせん断強度

b_e：トラス機構に関与する断面の有効幅（図 6.2-2 参照）

j_e：トラス機構に関与する断面の有効せい（図 6.2-2 参照）

μ：トラス機構の角度を表す係数（$=2-20R_p$、R_p：ヒンジ領域の回転角で非ヒンジ部では 0）

p_{we}：有効せん断補強筋比（$=\frac{a_w}{b_e \cdot s}$、a_w：1 組のせん断補強筋の断面積、s：せん断補強筋の間隔）

σ_{wy}：せん断補強筋の降伏強度

ν：コンクリート圧縮強度の有効係数（$=(1-20R_p) \cdot \nu_0$、$\nu_0 = 0.7 - \frac{\sigma_B}{200}$）

σ_B：コンクリートの圧縮強度

λ：トラス機構の有効係数（$=1-\frac{s}{2 j_e}-\frac{b_s}{4 j_e}$、本建築物では $b_s=b_e$）

b：部材幅

D：部材せい

θ：アーチ機構の圧縮束の角度（本建築物では $\tan\theta=\frac{0.9D}{2L}$、$L$：クリアスパン長さ）

T_x：部材単位長さあたりに負担できる付着力（本建築物では $=(1-10R_p) \cdot \tau_{bu} \cdot \sum \psi_1$、$\sum \psi_1$：1 段目主筋の周長の合計）

τ_{bu}：1 段目主筋の付着強度（$=\alpha_t \{(0.086 b_i + 0.11) \cdot \sqrt{\sigma_B} + k_{st}\}$）

α_t：上端主筋に対する付着強度低減係数（梁の上端主筋では $=0.75+\frac{\sigma_B}{400}$、その他では $=1$）

b_i：割裂線長さ比（$b_{si}=\frac{b-N_1 \cdot d_b}{N_1 \cdot d_b}$ と $b_{ci}=\frac{\sqrt{2} \cdot (d_{cs}+d_{ct})-d_b}{d_b}$ の最小値、N_1：1 段目主筋の本数、d_b：主筋径、d_{cs}：側面かぶり厚さ、d_{ct}：底面かぶり厚さ）

k_{st}：横補強筋の効果（$b_{ci} \geq b_{si}$ のとき $=\left(56+47 \frac{N_w}{N_1}\right) \cdot (b_{si}+1) \cdot p_w$、$b_{ci} < b_{si}$ のとき $=\frac{146 A_w}{d_b \cdot s}$、$N_w$：1 組の横補強筋の足の数（$=N_s+2$）、$N_s$：中子筋の本数）、$p_w$：横補強筋比（$=\frac{a_w}{b \cdot s}$）、$A_w$：横補強筋 1 本の断面積）

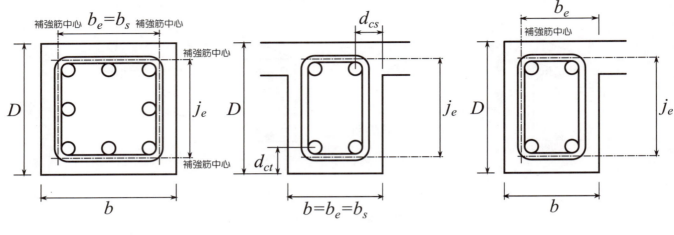

図 6.2-2　b_e、j_e の定義

　梁、柱のせん断破壊に対する保証設計では、部材の塑性ヒンジの発生の有無によって保証すべきせん断余裕度（＝せん断強度／部材に作用するせん断力）が異なります。梁、柱に保証すべきせん断余裕度を下記にまとめます。

梁の場合
　　両端に塑性ヒンジが生じる場合：せん断余裕度 ≧ 1.1
　　塑性ヒンジが発生しないもしくは一端に発生する場合：せん断余裕度 ≧ 1.2

柱の場合
　　両端に塑性ヒンジが生じる場合：せん断余裕度 ≧ 1.1
　　塑性ヒンジが生じないもしくは一端に生じる場合：せん断余裕度 ≧ 1.25

　本書では下記の手順により保証設計を行います。
① せん断強度の算定では塑性ヒンジが生じるものと仮定して（塑性ヒンジの回転角を考慮して）せん断強度を求め、梁ではせん断余裕度 1.2、柱ではせん断余裕度 1.25 以上であることを確認します。
② ①を満足しない場合は、塑性ヒンジの発生状況を確認し、塑性ヒンジが両端に生じる場合は、せん断余裕度 1.1 以上であることを確認します。あるいは塑性ヒンジが生じない場合は、塑性ヒンジの回転角をゼロとしてせん断強度を求め、梁ではせん断余裕度 1.2、柱ではせん断余裕度 1.25 以上であることを確認します。
③ ②を満足しない場合は、せん断補強量を見直します。

ひとりでやってみよう 17

■梁の保証設計を行います。

演習シート 6 ①〜④を使用します。

求め方の手順

【$_RG_1$ 梁の上端筋でヒンジが生じると仮定した場合の例を示します。】
① 建築物の安全限界時における層間変形角に基づいて塑性ヒンジ回転角を求めます。

$$R_p = 1.5 \times \frac{1}{84} = \underline{0.018}$$

② せん断強度を求めるための準備計算を行います。

$$\mu = 2 - 20 R_p = 2 - 20 \times \underline{0.018} = \underline{1.64}$$

$$b_e = \underline{400} - \underline{40} - \underline{10 \div 2} = \underline{355} \text{ (mm)}$$
（400：梁幅、40：梁側面のかぶり厚さ、10÷2：補強筋径の1/2）

$$p_{we} = \frac{a_w}{b_e \cdot s} = \frac{143}{\underline{355} \times \underline{150}} = \underline{0.0027}$$

$$j_e = \underline{700} - 2 \times \underline{54} - 2 \times \underline{10 \div 2} = \underline{582} \text{ (mm)}$$
（700：梁せい、54：梁上下面のかぶり厚さ、10÷2：補強筋径の1/2）

梁上下面から主筋までの距離（75mm）
－補強筋径（10mm）
－主筋径の1/2（11mm）

$$\nu_0 = 0.7 - \frac{\sigma_B}{200} = 0.7 - \frac{24}{200} = \underline{0.58}$$

$$\nu = (1 - 20 R_p) \cdot \nu_0 = (1 - 20 \times \underline{0.018}) \times \underline{0.58} = \underline{0.37}$$

$$\lambda = 1 - \frac{s}{2 j_e} - \frac{b_s}{4 j_e} = 1 - \frac{150}{2 \times \underline{582}} - \frac{355}{4 \times \underline{582}} = \underline{0.72}$$

$$\tan\theta = \frac{0.9 \times \underline{700}}{2 \times \underline{5400}} = \underline{0.06}$$

$$b_i = \min(b_{si}, b_{ci}) = \frac{b - N_1 \cdot d_b}{N_1 \cdot d_b} = \frac{400 - 3 \times 22}{3 \times 22} = \underline{5.1}$$
（RG1梁ではb_{si}が最小）

$$\tau_{bu} = \alpha_t \cdot \{(0.086 b_i + 0.11) \cdot \sqrt{\sigma_B} + k_{st}\}$$

$$= 0.81 \times \left\{(0.086 \times \underline{5.1} + 0.11) \times \sqrt{\underline{24}} + \left(56 + 47 \times \frac{2}{\underline{3}}\right) \times (\underline{5.1} + 1) \times \frac{143}{\underline{400} \times \underline{150}}\right\}$$

$$= \underline{3.2} \text{ (N/mm}^2\text{)}$$

$$T_x = (1 - 10 R_p) \cdot \tau_{bu} \cdot \sum \psi_1 = (1 - 10 \times \underline{0.018}) \times \underline{3.2} \times \underline{3} \times 70 = \underline{549} \text{ (N)}$$
（3：上端主筋の本数）

③ 安全限界時の V_{u1}、V_{u2}、V_{u3}、V_{bu} を計算し、梁のせん断強度を求めます。

$$V_{u1} = \mu \cdot p_{we} \cdot \sigma_{wy} \cdot b_e \cdot j_e + \left(\nu \cdot \sigma_B - \frac{5 p_{we} \cdot \sigma_{wy}}{\lambda}\right) \cdot \frac{b \cdot D}{2} \cdot \tan\theta$$

$= \underline{1.64} \times \underline{0.0027} \times \underline{295} \times \underline{355} \times \underline{582}$

$+ \left(\underline{0.37} \times \underline{24} - \dfrac{5 \times \underline{0.0027} \times \underline{295}}{\underline{0.72}}\right) \times \dfrac{\underline{400} \times \underline{700}}{2} \times \underline{0.06}$

$= \underline{297}$ (kN)

$$V_{u2} = \frac{\lambda \cdot \nu \cdot \sigma_B + p_{we} \cdot \sigma_{wy}}{3} \cdot b_e \cdot j_e$$

$= \dfrac{\underline{0.72} \times \underline{0.37} \times \underline{24} + \underline{0.0027} \times \underline{295}}{3} \times \underline{355} \times \underline{582}$

$= \underline{498}$ (kN)

$$V_{u3} = \frac{\lambda \cdot \nu \cdot \sigma_B}{2} \cdot b_e \cdot j_e = \frac{\underline{0.72} \times \underline{0.37} \times \underline{24}}{2} \times \underline{355} \times \underline{582}$$

$= \underline{664}$ (kN)

$$V_{bu} = T_x \cdot j_e + \left(\nu \cdot \sigma_B - \frac{2.5 T_x}{\lambda \cdot b_e}\right) \frac{b \cdot D}{2} \cdot \tan\theta$$

$= \underline{549} \times \underline{582} + \left(\underline{0.37} \times \underline{24} - \dfrac{2.5 \times \underline{549}}{\underline{0.72} \times \underline{355}}\right) \times \dfrac{\underline{400} \times \underline{700}}{2} \times \underline{0.06}$

$= \underline{349}$ (kN)

$V_u = \underline{297}$ (kN)

④ 安全限界時に梁に作用するせん断力を求めます。

安全限界時に梁に作用するせん断力 = ㊿58 + ㊵84 = 142
（58：鉛直荷重時の応力、84：メカニズム時の応力）

⑤ せん断余裕度を求め、せん断破壊の有無を確認します。

せん断余裕度 $= \dfrac{297}{142} = \underline{2.1} > 1.2$

よって、せん断破壊しない。

　塑性ヒンジが生じない場合の計算、また、$_RG_1$ 梁以外の梁について、同様にせん断強度を計算し保証設計してみましょう。

大梁のせん断終局強度　せん断補強筋　　$\sigma_y =$　295 N/mm²　　かぶり（側面）＝　40　　$a_t =$　　　　保証設計用変形角　　　　　　　　Y2F右→左　1/56
靱性指針　　　　　　　コンクリート強度　$F_c =$　24 N/mm²　　かぶり（底面）＝　54　　$d_b =$　　　　　　　　0.81 X2F　1/56 Y2F左→右　Y1F右→左　1/65
　　　　　　　　　　　　　　　　　　　　$v_0 =$　0.58 N/mm²　　$d_{ct} =$　61　　　　　　　　　　　　22 X1F　1/65 Y1F左→右

記号	断面					位置	上下	主筋		せん断補強筋			ヒンジ	R_p	μ	ν	λ	$\tan\theta$	付着						T_X	V_{u1}	V_{u2}	V_{u3}	V_{bu}	V_u	Q_0	Q_M	Q_0+Q_M	$Q_0+Q_M \geq 1.1$
	b b_0 b_s	×	D $\Delta\ell$	$,d$ j	j_c			配筋 ψ (mm)		配筋	a_w (mm²)	p_{we}							b_{si} b_{ci} b_i k_{st} τ_{bu} $\Sigma\psi$							kN	kN	kN	kN	kN	kN	kN	kN	せん断余裕度 判定
	400		700	,625	70	外端	上	3-D22		2-D10	71		有	0.0179	1.64	0.37	0.72	0.06	5.1	7.7	5.1 1.3 3.2	210	549	297	497	664	349	297	57.9	83.6	141.5
$_RG_1$	5400 355	×	300	547		内端	下	2-D22		@150	143	0.0027	無						8.1	7.7	8.1 3.1 6.9	140 210 140	798								2.10 OK
	400		700	,625		X1側	上	3-D22		2-D10			有				0.72	0.06				210 140										
$_RG_2$	5400 355	×	300	547 582		X2側	下	2-D22 2-D22		@150	143		無									210 140										
	400		700	,625		外端	上	3-D22		2-D10			有				0.70	0.06				210 140										
$_RG_3$	5400 355	×	300	547 582		内端	下	2-D22 2-D22		@150	143		無									210 140										
	400		700	,625		X1側	上	3-D22		2-D10			有				0.72	0.06				210 140										
$_RG_4$	5400 355	×	300	547 582		X2側	下	2-D22 2-D22		@150	143		無									210 140										
	400		700	,625		外端	上	3-D22		2-D10			有				0.72	0.06				210 140										
$_RG_5$	5400 355	×	300	547 582		内端	下	2-D22 2-D22		@150	143		無									210 140										
	400		700	,625		X1側	上	3-D22		2-D10			有				0.72	0.06				210 140										
$_RG_6$	5400 355	×	300	547 582		X2側	下	2-D22 2-D22		@150	143		無									210 140										
	400		700	,625		外端	上	3-D22		2-D10			有				0.76	0.09				210 140										
$_RG_7$	3400 355	×	300	547 582		内端	下	2-D22 2-D22		@150	143		無									210 140										
	400		800	,725		外端	上	3-D22		2-D10			有				0.70	0.05				210 140										
$_RG_8$	7400 355	×	300	634 682		内端	下	2-D22 2-D22		@150	143		無									210 140										
	400		700	,625		外端	上	3-D22		2-D10			有				0.70	0.09				210 140										
$_RG_9$	3400 400	×	300	547 582		内端	下	2-D22 2-D22		@150	143		無									280 140										
	400		800	,725		外端	上	4-D22		2-D10			有				0.74	0.05				210 140										
$_RG_{10}$	7400 400	×	300	634 682		内端	下	2-D22 2-D22		@150	143		無																			

103

ひとりでやってみよう 18

■柱の保証設計を行います。

演習シート7①～④を使用します。

求め方の手順

【2階、X方向、$_2C_1$ 柱（引張側）でヒンジが生じると仮定した場合の例を示します。】
計算の考え方は、梁と同じです。

① 建築物の安全限界時における層間変形角に基づいて塑性ヒンジ回転角を求めます。

$$R_p = 1.5 \times \frac{1}{84} = \underline{0.018}$$

② せん断強度を求めるための準備計算を行います。

$$\mu = 2 - 20 R_p = 2 - 20 \times \underline{0.018} = \underline{1.64}$$

$$b_e = \underline{600} - 2 \times \underline{54} - 2 \times \underline{10 \div 2} = \underline{482} \text{ (mm)}$$
　　　柱幅　　　　柱のかぶり厚さ　　補強筋径の1/2

柱側面から主筋までの距離（75mm）
－補強筋径（10mm）
－主筋径の1/2（11mm）

$$p_{we} = \frac{a_w}{b_e \cdot s} = \frac{143}{\underline{482} \times \underline{100}} = \underline{0.0030}$$

$$j_e = \underline{600} - 2 \times \underline{54} - 2 \times \underline{10 \div 2} = \underline{482} \text{ (mm)}$$
　　　柱せい　　　柱のかぶり厚さ　　補強筋径の1/2

$$\nu_0 = 0.7 - \frac{\sigma_B}{200} = 0.7 - \frac{24}{200} = \underline{0.58}$$

$$\nu = (1 - 20 R_p) \cdot \nu_0 = (1 - 20 \times \underline{0.018}) \times \underline{0.58} = \underline{0.37}$$

$$\lambda = 1 - \frac{s}{2 j_e} - \frac{b_s}{4 j_e} = 1 - \frac{100}{2 \times \underline{482}} - \frac{482}{4 \times \underline{482}} = \underline{0.65}$$

$$\tan \theta = \frac{0.9D}{2L} = \frac{0.9 \times \underline{600}}{2 \times \underline{2770}} = \underline{0.10}$$

$$b_i = \min(b_{si}, b_{oi}) = \frac{b - N_1 \cdot d_b}{N_1 \cdot d_b} = \frac{600 - 3 \times 22}{3 \times 22} = \underline{8.1}$$
　　　　　　　　$_2C_1$ 柱（引張側）では b_{si} が最小

$$\tau_{bu} = \alpha_t \cdot \{(0.086 b_i + 0.11) \cdot \sqrt{\sigma_B} + k_{st}\}$$

$$= 1.0 \times \left\{ (0.086 \times \underline{8.1} + 0.11) \times \sqrt{\underline{24}} + \left(56 + 47 \times \frac{2}{3}\right) \times (\underline{8.1} + 1) \times \frac{143}{\underline{600} \times \underline{100}} \right\}$$

$$= \underline{5.8} \text{ (N/mm}^2\text{)}$$

$$T_x=(1-10R_p)\cdot\tau_{bu}\cdot\sum\psi_1=(1-10\times\underline{\ 0.018\ })\times\underline{\ 5.8\ }\times\underline{\ 3\times70\ }=\underline{\ 1005\ }\,(\mathrm{N})$$

③　安全限界時の V_{u1} 、V_{u2} 、V_{u3} 、V_{bu} を計算し、柱のせん断強度を求めます。

$$V_{u1}=\mu\cdot p_{we}\cdot\sigma_{wy}\cdot b_e\cdot j_e+\left(\nu\cdot\sigma_B-\frac{5\,p_{we}\cdot\sigma_{wy}}{\lambda}\right)\cdot\frac{b\cdot D}{2}\cdot\tan\theta$$

$$=\underline{\ 1.64\ }\times\underline{\ 0.0030\ }\times\underline{\ 295\ }\times\underline{\ 482\ }\times\underline{\ 482\ }$$

$$+\left(\underline{\ 0.37\ }\times\underline{\ 24\ }-\frac{5\times\underline{\ 0.0030\ }\times\underline{\ 295\ }}{\underline{\ 0.65\ }}\right)\times\frac{\underline{\ 600\ }\times\underline{\ 600\ }}{2}\times\underline{\ 0.10\ }=\underline{\ 372\ }\,(\mathrm{kN})$$

$$V_{u2}=\frac{\lambda\cdot\nu\cdot\sigma_B+p_{we}\cdot\sigma_{wy}}{3}\cdot b_e\cdot j_e$$

$$=\frac{\underline{\ 0.65\ }\times\underline{\ 0.37\ }\times\underline{\ 24\ }+\underline{\ 0.003\ }\times\underline{\ 295\ }}{3}\times\underline{\ 482\ }\times\underline{\ 482\ }=\underline{\ 516\ }\,(\mathrm{kN})$$

$$V_{u3}=\frac{\lambda\cdot\nu\cdot\sigma_B}{2}\cdot b_e\cdot j_e=\frac{\underline{\ 0.65\ }\times\underline{\ 0.37\ }\times\underline{\ 24\ }}{2}\times\underline{\ 482\ }\times\underline{\ 482\ }=\underline{\ 672\ }\,(\mathrm{kN})$$

$$V_{bu}=T_x\cdot j_e+\left(\nu\cdot\sigma_B-\frac{2.5\,T_x}{\lambda\cdot b_e}\right)\cdot\frac{b\cdot D}{2}\cdot\tan\theta$$

$$=\underline{\ 1005\ }\times\underline{\ 482\ }+\left(\underline{\ 0.37\ }\times\underline{\ 24\ }-\frac{2.5\times\underline{\ 1005\ }}{\underline{\ 0.65\ }\times\underline{\ 482\ }}\right)\times\frac{\underline{\ 600\ }\times\underline{\ 600\ }}{2}\times\underline{\ 0.10\ }$$

$$=\underline{\ 500\ }\,(\mathrm{kN})$$

$$V_u=\underline{\ 372\ }\,(\mathrm{kN})$$

④　安全限界時に柱に作用するせん断力を求めます。

安全限界時に柱に作用するせん断力 ＝ $\underline{\ 77\ }$ (kN)　メカニズム時の応力

⑤　せん断余裕度を求め、せん断破壊の有無を確認します。

せん断余裕度 = $\dfrac{\underline{\ 372\ }}{\underline{\ 77\ }}=\underline{\ 4.86\ }>1.25$

よって、せん断破壊しない。

塑性ヒンジが生じない場合の計算、また、${}_2C_1$ 柱以外の柱について、同様にせん断強度を計算し保証設計してみましょう。

柱のせん断終局強度

せん断補強筋 σ_y = 295 N/mm²
コンクリート F_c = 24 N/mm²
v_0 = 0.58 N/mm³

かぶり = 54 mm
d_b = 22 mm
$d_{cs} = d_{ct}$ = 75 mm

保証設計用変形角
X2F 1/56 Y2F左→右 1/53 Y2F右→左 1/56
X1F 1/65 Y1F左→右 1/61 Y1F右→左 1/65

方向	柱		階	断面 b	D	d	引張鉄筋	ψ mm	せん断補強筋 配筋	p_{we}	ヒンジ	R_p	μ	v	λ	$\tan\theta$	$b_{si}/b_{ci}/b_t$	k_{st}/τ_{bu}	T_x $\tau_{bu}\Sigma\psi$	V_{u1} (kN)	V_{u2} (kN)	V_{u3} (kN)	V_{bu} (kN)	V_u (kN)	Q_m (kN)	せん断余裕度	判定
				$h_0, \Delta h_上, \Delta h_下$ b_s b_e		j_e																					
X	C_1 引張		2	600 2770 482	600 350 482	525	3-D22	210	2-D10 @100	0.0030	有	0.018	1.64	0.37	0.65	0.10	8.1 8.6 8.1	1.9 5.8	1005	372	516	672	500	372	76.6	4.86	OK
			1	600 3100 482	600 350 482	525	3-D22	210	2-D10 @100		無	—	—	—	—	—			1224	—	—	—	—	—	—	—	—
	C_2 (X1)		2	600 2770 482	600 350 482	525	3-D22	210	2-D10 @100		有																
			1	600 3100 482	600 350 482	525	3-D22	210	2-D10 @100		無																
	C_2 (X2)		2	600 2770 482	600 350 482	525	3-D22	210	2-D10 @100		無																
			1	600 3100 482	600 350 482	525	3-D22	210	2-D10 @100		有																
	C_1 圧縮		2	600 2770 482	600 350 482	525	3-D22	210	2-D10 @100		有																
			1	600 3100 482	600 350 482	525	3-D22	210	2-D10 @100		無																
	C_3 引張		2	600 2770 482	600 350 482	525	3-D22	210	2-D10 @100		無																
			1	600 3100 482	600 350 482	525	3-D22	210	2-D10 @100		有																
	C_4 (X1)		2	600 2770 482	600 350 482	525	3-D22	210	2-D10 @100		有																
			1	600 3100 482	600 350 482	525	3-D22	210	2-D10 @100		無																

6.3 層崩壊に対する保証設計の考え方

安全限界点でのヒンジ形成状態を保証するためには、柱梁がせん断破壊しないことに加えて、崩壊メカニズム時に想定された曲げ降伏ヒンジ発生箇所が確実に曲げ降伏し、予期せぬ層降伏機構が生じないことを保証する必要があります。本書では前者を各節点における柱梁曲げ耐力比、後者を層せん断余裕率でそれぞれ評価することにより保証します。

6.3.1 柱梁曲げ耐力比の評価

柱梁曲げ耐力比の評価は【保有水平耐力計算編】で行いましたので、本書では解説と計算を省略し、結果のみを図 2.1-20 に示します。詳細については上記テキストをご参照ください。

6.3.2 層せん断余裕率の評価

層せん断余裕率とは、モデルプランのように全体降伏機構を形成すると考えられる建築物が予期せぬ層降伏機構を形成しないための余裕率を表す指標です。本指標は建築物が全体降伏機構を形成すると仮定して算定された各階の保有水平耐力 Q_{ui} を各階が層降伏すると仮定した場合の層せん断力 Q_{si} から差し引いた差分 ΔQ_i（$=Q_{si} - Q_{ui}$）を、Q_{ui} で除すことで f_i（$=\frac{\Delta Q_i}{Q_{ui}}$）として算定されます。

建築物の層降伏機構は、図 6.3-1 に示すよう、対象とする層のすべての鉛直部材が上下端で曲げ降伏ヒンジを形成するか、せん断破壊する場合に形成されます。したがって、各階の層降伏を仮定した場合の層せん断力 Q_{si} は以下のとおり算定できます。

$$Q_{si} = \sum Q_{cu}$$

ここで、Q_{cu}：i 層の柱のせん断耐力で Q_{mu}（柱の両端曲げ降伏時のせん断力）と V_u（6.2 節）の最小値、で、下記の算定式により計算します。

$$Q_{mu} = （柱頭 M_u ＋ 柱脚 M_u）/h$$

ここで、M_u：柱の曲げ終局モーメントで【保有水平耐力計算編】で算定しました（本書の p.34 〜 p.43 でも M_{cu}' として算定結果を掲載しています。）。h：柱の部材長さです。

（一財）日本建築防災協会の「既存鉄筋コンクリート造建築物の耐震診断基準・改修設計指針・同解説 2001 年改訂版」によると、各階の f_i の最小値が 0.3 を超えると、層降伏が生じなくなるとの検討結果が紹介されています。

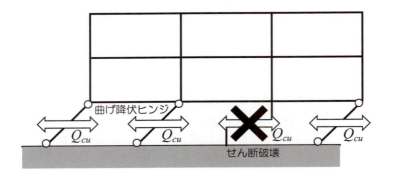

図 6.3-1　層降伏機構

ひとりでやってみよう 19
■層せん断余裕率を計算します。

演習シート 8 を使用します。

求め方の手順

【X 方向の 2 階の例を示します。】

① 2 階の保有水平耐力 Q_{u2} を求めます。
　　　Q_{u2} = 1448 (kN)

② 2 階が層降伏する層せん断力 Q_{s2} を求めます。
　　　Q_{s2} = 155 + 187 ×2+ 196 + 172 + 215 ×2
　　　　　　+ 220 + 169 + 206 ×2+ 209 = 2335 (kN)

　　第1項から順に、C_1引張、C_2、C_1圧縮、C_3引張、
　　C_4、C_3圧縮、C_5引張、C_6、C_5圧縮の
　　各柱の両端曲げ降伏時せん断力

③ 2 階の層せん断余裕率 f_2 を求めます。
$$f_2 = \frac{Q_{si} - Q_{ui}}{Q_{ui}} = \frac{2335 - 1448}{1448} = 0.61$$

よって、2 階は十分な層崩壊に対する余裕度があることが分かりました。
建築物各階各方向の層せん断余裕率を確認してみましょう。

計算の結果、本モデルプランでは 2 階の層せん断余裕率は十分に確保されていますが、1 階の層せん断余裕率が不足していることが分かります。したがって、建築物の層降伏機構の発生を確実に防止するためには、建築物 1 階の柱の耐力を増大する必要があることがわかります。

第7章

7. 付録

7.1 応答スペクトルの解説

7.1.1 質点モデルと運動方程式

　建築物を図 7.1-1 に示すような等価 1 自由度系の質点にモデル化してみましょう。この質点の質量を M (kg)、水平バネの剛性（バネ定数）を K (kN/m) とすると、このモデルの固有周期 T（秒）は式 7.1.1 で表すことができます。

$$T = 2\pi \sqrt{\frac{M}{K}} \tag{7.1.1}$$

　　　ここで、T：固有周期、M：質量、K：剛性

図 7.1-1　等価 1 自由度系の質点モデル

　地震が発生し、この質点モデルの基部に地動加速度 $\ddot{y}_0(t)$ が作用する時、質点モデルの応答を計算してみましょう。なお、"(t)" とは、値が時間 t に応じて推移することを表します。ここで、質点を支えるバネは弾性のまま、つまり、剛性は K で変わらないと想定します（弾性応答）。この時の応答は、地動加速度が観測された各時間 t に対して、式 7.1.2 の微分方程式を解くことで求めることができます。この微分方程式を「運動方程式」と呼びます。

$$M \cdot \ddot{y}(t) + C \cdot \dot{y}(t) + K \cdot y(t) = -M \cdot \ddot{y}_0(t) \tag{7.1.2}$$

　　　ここで、$\ddot{y}(t)$　：基部に対する質点の相対加速度 (m/s²)
　　　　　　$\dot{y}(t)$　：質点の相対速度 (m/s)
　　　　　　$y(t)$　：相対変位 (m)
　　　　　　$\ddot{y}_0(t)$　：地動加速度 (m/s²)
　　　　　　C　：減衰係数

　減衰係数 C は、物体の振動にブレーキをかける減衰作用を表す係数で、$C = 0$ とすると、揺れ始めた物体が止まらなくなります。式 7.1.3 のように変形すると、第 1 項が慣性力（質量×加速度）、第 2 項が減衰力（減衰係数×速度）、第 3 項が復元力（バネ定数×バネの変形量）を表しており、その合計が釣合っている（= 0）ことを示しています。なお、減衰力に関しては、本当に速度に依存しているかは不明で、むしろ変位に依存しているという研究成果もあります。しかし、式 7.1.2 のような 2 階の微分方程式の形にしておくと解が求めやすいため、一般的に、減

衰力は速度に依存すると仮定しています。

$$\underbrace{M \cdot [\ddot{y}(t) + \ddot{y}_0(t)]}_{\text{慣性力}} + \underbrace{C \cdot \dot{y}(t)}_{\text{減衰力}} + \underbrace{K \cdot y(t)}_{\text{復元力}} = 0 \quad (7.1.3)$$

固有円振動数 ω とは、円運動を考えた時に1秒間に回転する角度を意味しており、式7.1.4で表すことができます。

$$\omega = \sqrt{\frac{K}{M}} = \frac{2\pi}{T} \quad (7.1.4)$$

ここで、ω：固有円振動数 (rad/s)

この固有角振動数 ω を用いて、固有周期 T は式7.1.5と表すことができ、剛性 K は式7.1.6となり、減衰性を数値化した減衰定数 h を用いることで、減衰係数 C は式7.1.7となります。一般的に、鉄筋コンクリート構造では、$h = 0.05$（5%）の値を多く用います。

$$T = 2\pi\sqrt{\frac{M}{K}} = \frac{2\pi}{\omega} \quad (7.1.5)$$
$$K = \omega^2 \cdot M \quad (7.1.6)$$
$$C = 2h \cdot \omega \cdot M \quad (7.1.7)$$

ここで、h：減衰定数

式7.1.2の運動方程式は、式7.1.6、式7.1.7を代入し、式7.1.8と書き直すことができます。

$$M \cdot \ddot{y}(t) + 2h \cdot \omega \cdot M \cdot \dot{y}(t) + \omega^2 \cdot M \cdot y(t) = -M \cdot \ddot{y}_0(t) \quad (7.1.8)$$

すべての項を M で除すと、運動方程式は式7.1.9となります。

$$\ddot{y}(t) + 2h \cdot \omega \cdot \dot{y}(t) + \omega^2 \cdot y(t) = -\ddot{y}_0(t) \quad (7.1.9)$$

式7.1.9の運動方程式を解けば、質点モデルの応答加速度 $\ddot{y}(t)$、応答速度 $\dot{y}(t)$、応答変位 $y(t)$ を求めることができます。以上からもわかるように、モデルの剛性 K が変化せずに弾性範囲であれば、モデルの応答は減衰定数 h と固有角振動数 ω（つまり、固有周期 T）のみから決まることになります。

なお、式7.1.9の運動方程式を数学的に解いて厳密解を得ることは極めて困難です。そこで、一般的には、Newmark $-\beta$ 法などの数値積分法を利用して、運動方程式を微小時間毎に近似的に解くことで応答を求めます。

7.1.2 質点モデルの応答計算

応答計算の例示として、図7.1-2に示す平成7年（1995年）兵庫県南部地震の際に神戸海洋気象台（JMA神戸）で観測された南北方向の加速度が地動加速度として作用する場合を考えます。

質点モデルの減衰定数 $h = 5\%$、固有周期 $T = 1.17$ 秒（固有角振動数 $\omega = 28.8$ rad/s）として、Newmark $-\beta$ 法（$\beta = 1/4$）を用いて運動方程式を解き、この時の応答を見てみましょう。計算して求めた、質点モデルの応答加速度の時間

---

memo

rad とは radian の略で角度の単位である。
2π (rad) $= 360$ 度

による推移（時刻歴波形と呼びます）を図 7.1-3 に示します。応答加速度は、絶対加速度、すなわち$[\ddot{y}(t)+\ddot{y}_0(t)]$で表します。地震はどちらの方向から来るかはわからないので、最大値を考える場合は、符号を無視して、最大値と最小値の絶対値の大きい方を取ります。つまり、$T = 1.17$ 秒の場合は、9.76 m/s² が最大値です。同じく応答速度および応答変位の時刻歴波形を図 7.1-4、図 7.1-5 に示します。それぞれの最大値は、やはり符号を無視して考え、最大速度は 2.21 m/s、最大変位は 0.337 m となります。

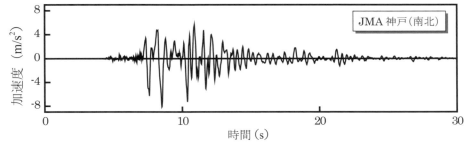

図 7.1-2　地動加速度（1995 年兵庫県南部地震での神戸海洋気象台における南北方向の記録）

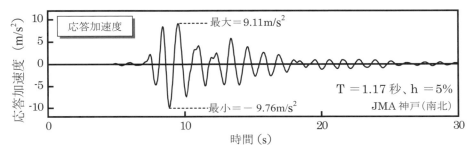

図 7.1-3　応答加速度の時刻歴波形

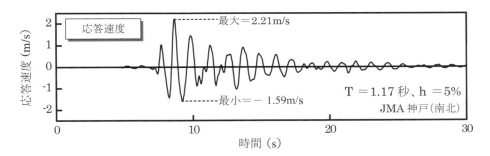

図 7.1-4　応答速度の時刻歴波形

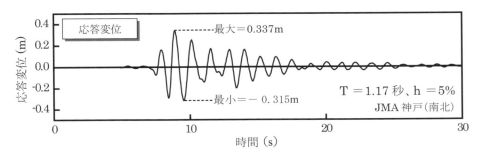

図 7.1-5　応答変位の時刻歴波形

7.1.3 応答スペクトル

減衰定数を変えずに、固有周期 T（もしくは固有角振動数 ω）を少しずつ変化させて同様の計算を行えば、様々な固有周期に対する応答の最大値を求めることができます。こうして得られた固有周期と応答の最大値の関係をプロットしたものを応答スペクトルと呼び、加速度応答スペクトル、速度応答スペクトル、そして、変位応答スペクトルの3種類があります。図 7.1-2 に示した地動加速度（JMA神戸の南北方向）について、減衰定数 $h = 5\%$、10%、20% の場合の加速度応答スペクトルは図 7.1-6、速度応答スペクトルは図 7.1-7、そして、変位応答スペクトルは図 7.1-8 となります。

図に示すとおり、減衰定数が大きくなると、いずれの応答スペクトルも高さが低くなる、すなわち、応答が減少します。また、地動加速度が異なる、すなわち、地震波が異なれば、応答スペクトルは変化します。

それぞれの応答スペクトルを記号で下記のとおり表します。そして、それぞれの応答スペクトルには疑似的に式 7.1.10 の関係があります。

$$S_a \fallingdotseq \omega \cdot S_v \fallingdotseq \omega^2 \cdot S_d \tag{7.1.10}$$

ここで、S_a：加速度応答スペクトル
S_v：速度応答スペクトル
S_d：変位応答スペクトル

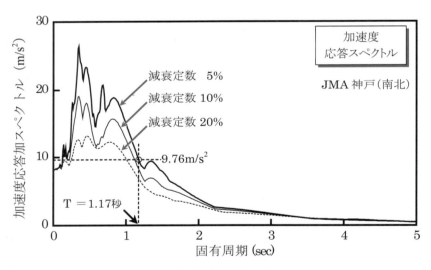

図 7.1-6　加速度応答スペクトル

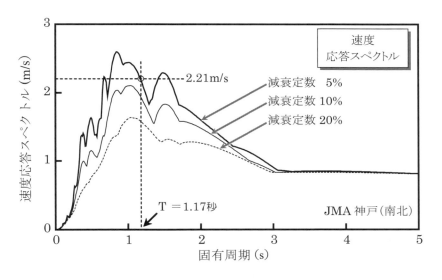

図 7.1-7 速度応答スペクトル

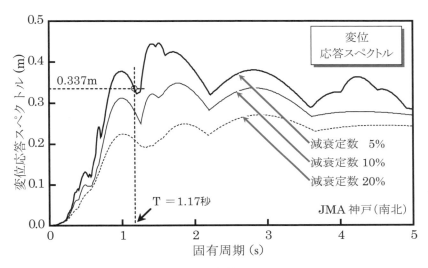

図 7.1-8 変位応答スペクトル

7.2 多層建築物の地震時の揺れ方

　地震時の多層建築物の振動は非常に複雑であることは容易に想像できますが、階数が増えるのに従い、構成する部材が増えていくため、その振動はさらに複雑になります。建築物は柱や梁などの部材によって構成され、それぞれの部材の性能とそれらの接合部、地震時の荷重が振動性状に影響を及ぼすためです。そのため多層の建築物を単純化したモデルに置き換えてその性状を把握するという方法がよく行われてきました。

　ここで、ある多層建築物の振動を考えましょう。各層の変位は微小であり、部材は弾性範囲であると仮定します。各階の質量は各階の床位置の 1 点に質点として集中させ、各質点は水平方向の振動だけを生ずるものとすると、この質点の振動状態は水平方向の変位の値の組で表すことができます。すなわち、多層建築物は図 7.2-1 のように、串団子のようなモデルとして表すことができます。これを

memo

7.2 節　参考文献
柴田明徳
最新耐震構造解析（第 3 版）
森北出版株式会社　2014

一般的に多自由度の質点系（多自由度系）と呼びます。一般に質点系は質点の数の自由度を持ちます。図7.2-1は3層の建築物であることから、3質点系で表せます。

図7.2-1において、各階の質点位置に水平力を加えたときを考えてみます。各質点の水平変位 y_i（i は層を表します）と水平力 P_i との関係は、ある層だけに単位量の変形を与えた状態の重ね合わせとして、次のように表されることがわかっています。k_{ij} は層の剛性を表しており、j 層に変形が生じるときに、両者の積 $k_{ji} \cdot y_i$ が i 層に加えるべき力の大きさを表します。

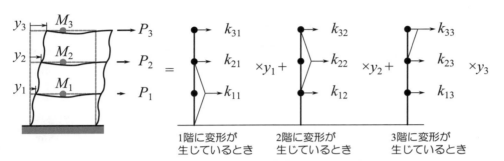

図7.2-1 多層建築物のモデル化

これをベクトルとマトリクスという形で表すと次のようになります。ベクトル要素は上から順に1、2、3階を表しており、3層の変形状態を1つの式で表しています。多自由度系の線形振動解析では、取扱いが非常に便利で、全体の性質もつかみやすいことから、マトリクスとベクトルによる表記がよく利用されています。

$$\begin{Bmatrix} P_1 \\ P_2 \\ P_3 \end{Bmatrix} = \begin{Bmatrix} k_{11} \\ k_{21} \\ k_{31} \end{Bmatrix} y_1 + \begin{Bmatrix} k_{12} \\ k_{22} \\ k_{32} \end{Bmatrix} y_2 + \begin{Bmatrix} k_{13} \\ k_{23} \\ k_{33} \end{Bmatrix} y_3 = \begin{bmatrix} k_{11} & k_{12} & k_{13} \\ k_{21} & k_{22} & k_{23} \\ k_{31} & k_{32} & k_{33} \end{bmatrix} \begin{Bmatrix} y_1 \\ y_2 \\ y_3 \end{Bmatrix} \quad (7.2.1)$$

ここで、P、k および y のベクトルを $\{P\}$、$[K]$、$\{y\}$ のようにまとめると次のように表されます。

$$\{P\} = [K]\{y\} \quad (7.2.2)$$

ここで、$[K]$ は剛性マトリクスと呼ばれています。式7.2.2を $\{P\} - [K]\{y\} = \{0\}$ と表せば、変位 $\{y\}$ のために生じた各層の質点への作用復元力 $-[K]\{y\}$ と外力 $\{P\}$ との和が零となり、釣合い状態にあることを示します。

一方、振動状態にある時の慣性力を考慮して各階に強制外力 $f_i(t)$ が働いた場合は次のようになります。

$$\begin{Bmatrix} P_1 \\ P_2 \\ P_3 \end{Bmatrix} = \begin{Bmatrix} -M_1 \cdot \ddot{y}_1 \\ -M_2 \cdot \ddot{y}_2 \\ -M_3 \cdot \ddot{y}_3 \end{Bmatrix} + \begin{Bmatrix} f_1(t) \\ f_2(t) \\ f_3(t) \end{Bmatrix} = -\begin{bmatrix} M_1 & 0 & 0 \\ 0 & M_2 & 0 \\ 0 & 0 & M_3 \end{bmatrix} \begin{Bmatrix} \ddot{y}_1 \\ \ddot{y}_2 \\ \ddot{y}_3 \end{Bmatrix} + \begin{Bmatrix} f_1(t) \\ f_2(t) \\ f_3(t) \end{Bmatrix} \quad (7.2.3)$$

ここに、M_i：各階の質量
$\ddot{y}_i$：各階の相対加速度（変位ベクトルの二階微分）

式7.2.1と同様にマトリクスを使って整理すると、式7.2.4のようになります。[M]は質量マトリクスと呼ばれています。

$$\{P\} = -[M]\{\ddot{y}\} + \{f(t)\} \tag{7.2.4}$$

式7.2.2を式7.2.4に代入して表せば、次のようになり、各層の運動方程式をまとめて表したものになります。

$$[M]\{\ddot{y}\} + [K]\{y\} = \{f(t)\} \tag{7.2.5}$$

以上を踏まえて、地動を受ける場合の外力を地動加速度$\ddot{y}_0$を用いて表すと次のようになります。このとき、各層の加速度は絶対加速度として表すため、各層に生じる相対加速度と地動による基部の加速度の合計に等しくなります。

$$\begin{Bmatrix} P_1 \\ P_2 \\ P_3 \end{Bmatrix} = \begin{Bmatrix} -M_1 \cdot (\ddot{y}_1 + \ddot{y}_0) \\ -M_2 \cdot (\ddot{y}_2 + \ddot{y}_0) \\ -M_3 \cdot (\ddot{y}_3 + \ddot{y}_0) \end{Bmatrix} = -\begin{bmatrix} M_1 & 0 & 0 \\ 0 & M_2 & 0 \\ 0 & 0 & M_3 \end{bmatrix} \begin{Bmatrix} \ddot{y}_1 \\ \ddot{y}_2 \\ \ddot{y}_3 \end{Bmatrix} - \begin{bmatrix} M_1 & 0 & 0 \\ 0 & M_2 & 0 \\ 0 & 0 & M_3 \end{bmatrix} \begin{Bmatrix} 1 \\ 1 \\ 1 \end{Bmatrix} \ddot{y}_0 \tag{7.2.6}$$

式7.2.6をマトリクスで表すと式7.2.7のようになり、式7.2.5の外力が地動加速度による力に置き換わった形で表されます。すなわち、地動の効果は等価な外力ベクトル$-[M]\{\ddot{y}_0\}$で表されています。式7.2.7は非減衰時の地動に対する自由振動を表します。

$$[M]\{\ddot{y}\} + [K]\{y\} = -[M]\{1\}\ddot{y}_0 \tag{7.2.7}$$

一方、粘性減衰がある場合の地動に対する運動方程式は、減衰マトリクス[C]を用いて次のように求めます。減衰マトリクス[C]は減衰定数を元とするマトリクスであり、速度に依存すると仮定して、速度ベクトル$\{\dot{y}\}$を乗じます。式7.2.8を解くことで質点モデルの応答加速度$\ddot{y}$、応答速度$\dot{y}$、応答変位yを求めることができます。

$$[M]\{\ddot{y}\} + [C]\{\dot{y}\} + [K]\{y\} = -[M]\{1\}\ddot{y}_0 \tag{7.2.8}$$

各階の変形のベクトル$\{y\}$は、振動の固有モードのベクトル$\{_iu\}$を用いて、式7.2.9のように変換できます。固有モードとは、N次の自由度を持つ質点系に対して、N個の変位の分布形で表される振動形であり、系ごとに固有のものとして存在しています。$_sq$は各次の固有振動であり、各固有モード時の変位を表します。

$$y = \begin{Bmatrix} 1 \\ 0 \\ \vdots \\ \vdots \\ 0 \end{Bmatrix} y_1 + \begin{Bmatrix} 0 \\ 1 \\ \vdots \\ \vdots \\ 0 \end{Bmatrix} y_2 + \cdots + \begin{Bmatrix} 0 \\ 0 \\ \vdots \\ \vdots \\ 1 \end{Bmatrix} y_N = \begin{Bmatrix} _1u_1 \\ _1u_2 \\ \vdots \\ _1u_N \end{Bmatrix} {_1q} + \begin{Bmatrix} _2u_1 \\ _2u_2 \\ \vdots \\ _2u_N \end{Bmatrix} {_2q} + \cdots + \begin{Bmatrix} _Nu_1 \\ _Nu_2 \\ \vdots \\ _Nu_N \end{Bmatrix} {_Nq} \tag{7.2.9}$$

$$= \{_1u\}{_1q} + \{_2u\}{_2q} + \cdots + \{_Nu\}{_Nq} = \sum_{s=1}^{N} \{_su\} \cdot {_sq}$$

つまり、各次の固有振動と固有モードのベクトルによる各次の変形の線形和が振動時の変形を表すことになります。このとき、各次の固有振動$_sq$を地動$\ddot{y}_0$に対する応答$_sq_0(t)$を用いて表現すると、地動に対する応答は次のように表されます。

$$\{y(t)\}=\sum_{s=1}^{N}{}_s\beta\cdot\{{}_su\}\cdot{}_sq_0(t) \tag{7.2.10}$$

ここに、${}_s\beta$：刺激係数 $\left(=\dfrac{\{{}_su\}^T[M]\{1\}}{\{{}_su\}^T[M]\{{}_su\}}=\dfrac{\displaystyle\sum_{i=1}^{N}M_i\cdot{}_su_i}{\displaystyle\sum_{i=1}^{N}M_i\cdot{}_su_i^2}\right)$

${}_s\beta\{{}_su\}$ は刺激関数と呼ばれており、要素がすべて 1 のベクトル $\{1\}$ の s 次固有モード成分に相当し、以下の式が成り立ちます。

$$\{1\}={}_1\beta\cdot\{{}_1u\}+{}_2\beta\cdot\{{}_2u\}+\cdots+{}_N\beta\cdot\{{}_Nu\}=\sum_{s=1}^{N}{}_s\beta\cdot\{{}_su\} \tag{7.2.11}$$

この応答を図示すると、図 7.2-2 のようになり、多層建築物の応答は各次の 1 自由度応答の重ね合わせとして求めることができます。

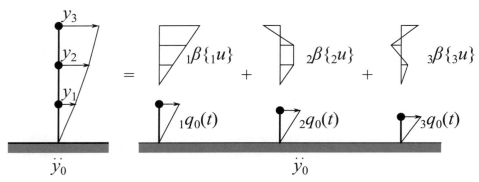

図 7.2-2　モードの重ね合わせ

各次の固有振動 ${}_sq_0(t)$ は固有周期 ${}_sT\,(=2\pi\sqrt{\dfrac{M}{K}})$ と減衰定数 ${}_sh$ によって定まり、その重ね合わせから変位、速度、加速度応答が求まります。この方法は、モード合成法あるいはモーダルアナリシスと呼ばれています。しかし、実用的には応答の最大値だけが問題になることが多く、応答スペクトルを用いて、各次の応答の最大値を求め、これに基づいて多自由度系の最大応答を略算することがしばしば行われます。この方法は、応答スペクトルによるモーダルアナリシスと呼ばれ、実用上非常に有効な手法とされています。

地震動に対する応答に関して、固有振動成分への分解を行うためには有効質量や有効高さの概念が用いられます。図 7.2-2 の各次の 1 自由度系で与えられる各次固有の質量と高さのことを言います。有効質量とは下式の多層建築物のベースシア Q_B を用いて表せば、${}_s\overline{M}$ として表すことができます。

$$Q_B=\sum_{i=1}^{N}M_i(\ddot{y}_i+\ddot{y}_0)=\sum_{i=1}^{N}M_i\sum_{s=1}^{N}{}_s\beta\cdot{}_su_i({}_s\ddot{q}_0+\ddot{y}_0)=\sum_{s=1}^{N}{}_s\overline{M}\cdot({}_s\ddot{q}_0+\ddot{y}_0) \tag{7.2.12}$$

ここに、${}_s\overline{M}=\left(\displaystyle\sum_{i=1}^{N}M_i\cdot{}_su_i\right)\cdot{}_s\beta=\dfrac{\left(\displaystyle\sum_{i=1}^{N}M_i\cdot{}_su_i\right)^2}{\displaystyle\sum_{i=1}^{N}M_i\cdot{}_su_i^2}$

以上から、ベースシア Q_B が各次モードの加速度応答 $({}_s\ddot{q}_0+\ddot{y}_0)$ とそのモードにおける有効質量 ${}_s\overline{M}$ との積を加え合わせたもので表されます。また、建築物基礎での転倒モーメント M_B を固有モード成分に分解すると式 7.2.12 と同様に次式で表すことができます。

$$M_B=\sum_{i=1}^{N} M_i H_i(\ddot{y}_i+\ddot{y}_0)=\sum_{i=1}^{N} M_i H_i \sum_{s=1}^{N} {}_s\beta\cdot{}_s u_i({}_s\ddot{q}_0+\ddot{y}_0)=\sum_{s=1}^{N} \overline{{}_sM}\cdot\overline{{}_sH}({}_s\ddot{q}_0+\ddot{y}_0) \quad (7.2.13)$$

ここに、$\overline{{}_sH}=\dfrac{\left(\sum_{i=1}^{N} M_i\cdot{}_s u_i\cdot H_i\right)\cdot{}_s\beta}{\overline{{}_sM}}=\dfrac{\sum_{i=1}^{N} M_i\cdot{}_s u_i\cdot H_i}{\sum_{i=1}^{N} M_i\cdot{}_s u_i}$

式 7.2.13 は転倒モーメント M_B が各次の加速度応答 $(\ddot{q}_0+\ddot{y}_0)$ 有効質量 $\overline{{}_sM}$ および等価高さ $\overline{{}_sH}$ の積の総和で表されることを示しています。1 次以外の高次モードでは、$\overline{{}_sH}$ の値は小さく、また負となることもあります。有効質量は最も卓越するモードで最も大きくなり、等価高さも最も高くなります。

これらの概念を用いると多自由度系の最大応答の上限値は、式 7.2.14 のとおり、モーダルアナリシスにより各次成分の最大応答の絶対値和で表されます。

$$|\delta_i|_{max} \leq \sum_{s=1}^{N} |{}_s\beta\cdot{}_s u_i\cdot{}_s S_d({}_sT,{}_sh)| \quad (7.2.14)$$

ここに、${}_sS_d$：s 次振動の変位応答スペクトル値

しかしまた、各次の応答の最大値は一般には同時に生じないことを考え、最大応答の近似値を各次応答成分の 2 乗和平方根 (SRSS) で表すことがあり、実際の地震波に対する応答の場合によくあてはまるとされています。

$$|\delta_i|_{max} \approx \sqrt{\sum_{s=1}^{N} |{}_s\beta\cdot{}_s u_i\cdot{}_s S_d|^2} \quad (7.2.15)$$

同時に、最大応答時の i 層のせん断力 Q_i は次式で近似できます。このせん断力の分布形とよく一致する外力として Ai 分布が与えられています。

$$Q_i \approx \sqrt{\sum_{s=1}^{N}\left[\left(\sum_{j=i}^{N} M_j\cdot{}_s\beta\cdot{}_s u_j\right)\cdot{}_s S_a({}_sT,{}_sh)\right]^2}=\sqrt{\sum_{s=1}^{N}\{\overline{{}_sM}\cdot{}_sS_a\}^2} \quad (7.2.16)$$

ここで、${}_sS_a$：s 次振動の加速度応答スペクトル値

7.3　揺れ方の単純化

限界耐力計算では、7.2 節で述べた多自由度系が 1 自由度系応答の重ね合わせであることを利用して、建築物の各層の応答を 1 自由度系の質点の応答から求めます。ただし、これを行うためには、建築物の各層の特性を各次の 1 自由度系の質点に反映させる必要があります。そこで、「縮約」という方法によって多層建築物を表す多自由度系の質点モデルを等価な 1 自由度系の質点モデル（等価 1 自由度系）に置き換えます。

4 階建ての建築物を例として、図 7.3-1 に縮約の考え方を示します。図 7.3-1 (a) に示すように、建築物の骨組モデルを対象として、地震力を漸増させながら、ステップ毎に弾塑性応答解析を行います。この時の水平外力分布は 1 次モード比例分布（Ai 分布）などの適切な分布形を仮定します。そして、図 7.3-1 (b) に示すような、各層の層せん断力 Q_i －層間変位 d_i の関係を得ることができます。この解析結果から、図 7.3-1 (c) に示す、縮約した質点を考えることができます。

動的応答の最大値が静的外力による応答によって代表できると仮定して、多自

由度系の各質点に 1 次モード比例分布（Ai 分布）の外力が作用しているので、ベースシア $_1Q_B$ は次式で与えられます。

$$_1Q_B = \overline{_1M} \cdot _1S_a \tag{7.3.1}$$

上記の静的外力が作用している多自由度系は固有モードが 1 次モードであるため、質量および剛性によって、等価 1 自由度系に縮約することができます。この時の等価 1 自由度系の水平変位を Δ（代表変位）と表すと、等価 1 自由度系におけるせん断力（代表せん断力）と代表変位の関係は次式で与えられます。

$$\Delta = \frac{_1Q_B}{_1\overline{K}} \tag{7.3.2}$$

ここに、$_1\overline{K}$：1 次の等価剛性

代表せん断力は多自由度系のベースシア $_1Q_B$ に相当します。式 7.3.1 と式 7.3.2 を用いれば、次式がなり立ち、等価 1 自由度系の代表せん断力と代表変位の関係が得られます。

$$\Delta = \frac{_1S_a \cdot \overline{_1M}}{_1\overline{K}} = \frac{_1S_a}{_1\omega^2} = _1S_d \tag{7.3.3}$$

ここに、$_1\omega$：1 次の固有円振動数

一方で、多自由度系における i 層の基礎からの変位 $_1\delta_i$ は次式となります。

$$_1\delta_i = _1\beta \cdot _1u_i \cdot _1S_d = _1\beta \cdot _1u_i \cdot \Delta \tag{7.3.4}$$

さらに、i 層の外力 P_i は次式のようになります。

$$_1P_i = M_i \cdot _1\beta \cdot _1u_i \cdot _1S_a = \frac{M_i \cdot _1\delta_i \cdot _1S_a}{\Delta} \tag{7.3.5}$$

代表変位は刺激係数 $_1\beta$ と式 7.3.4 から式 7.3.6、有効質量 $\overline{_1M}$ は式 7.3.1 と式 7.3.5 から式 7.3.7 で求めることができます。なお、他の章では有効質量 $\overline{_1M}$ を M_u と表記しています。

$$\Delta = \frac{\sum_{i=1}^{N} M_i \cdot _1\delta_i^2}{\sum_{i=1}^{N} M_i \cdot _1\delta_i} \tag{7.3.6}$$

$$\overline{_1M} = \frac{_1Q_B}{_1S_a} = \frac{\sum_{i=1}^{N} P_i}{_1S_a} = \frac{\sum_{i=1}^{N} M_i \cdot _1\delta_i}{\Delta} = \frac{\left(\sum_{i=1}^{N} M_i \cdot _1\delta_i\right)^2}{\sum_{i=1}^{N} M_i \cdot _1\delta_i^2} \tag{7.3.7}$$

こうして、縮約した質点の荷重 Q と代表変位 Δ の関係を表す曲線が性能曲線で、損傷限界および安全限界はこの曲線上の点となります。

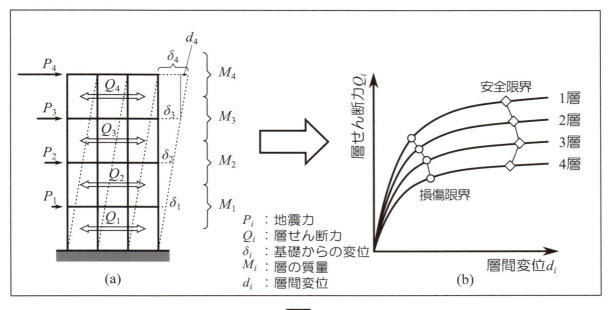

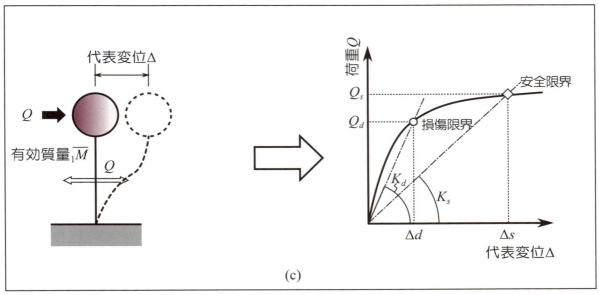

図 7.3-1　多層建築物の 1 質点への縮約

建築基準法関連法規

建築基準法関連法規

【建築基準法施行令　第82条の5　限界耐力計算】

第81条第2項第一号ロに規定する限界耐力計算とは、次に定めるところによりする構造計算をいう。

一　地震時を除き、第82条第一号から第三号まで（地震に係る部分を除く。）に定めるところによること。

二　積雪時又は暴風時に、建築物の構造耐力上主要な部分に生ずる力を次の表に掲げる式によって計算し、当該構造耐力上主要な部分に生ずる力が、それぞれ第4款の規定による材料強度によって計算した当該構造耐力上主要な部分の耐力を超えないことを確かめること。

荷重及び外力について想定する状態	一般の場合	第86条第2項ただし書の規定により特定行政庁が指定する多雪区域における場合	備考
積雪時	G＋P＋1.4S	G＋P＋1.4S	
暴風時	G＋P＋1.6W	G＋P＋1.6W	建築物の転倒、柱の引抜き等を検討する場合においては、Pについては、建築物の実況に応じて積載荷重を減らした数値によるものとする。
		G＋P＋0.35S＋1.6W	

　この表において、G、P、S及びWは、それぞれ次の力（軸方向力、曲げモーメント、せん断力等をいう。）を表すものとする。

G　第84条に規定する固定荷重によって生ずる力
P　第85条に規定する積載荷重によって生ずる力
S　第86条に規定する積雪荷重によって生ずる力
W　第87条に規定する風圧力によって生ずる力

三　地震による加速度によって建築物の地上部分の各階に作用する地震力及び各階に生ずる層間変位を次に定めるところによって計算し、当該地震力が、損傷限界耐力（建築物の各階の構造耐力上主要な部分の断面に生ずる応力度が第3款の規定による短期に生ずる力に対する許容応力度に達する場合の建築物の各階の水平力に対する耐力をいう。以下この号において同じ。）を超えないことを確かめるとともに、層間変位の当該各階の高さに対する割合が200分の1（地震力による構造耐力上主要な部分の変形によって建築物の部分に著しい損傷が生ずるおそれのない場合にあっては、120分の1）を超えないことを確かめること。

イ　各階が、損傷限界耐力に相当する水平力その他のこれに作用する力に耐えている時に当該階に生ずる水平方向の層間変位（以下この号において「損傷限界変位」という。）を国土交通大臣が定める方法により計算すること。

　　ロ　建築物のいずれかの階において、イによって計算した損傷限界変位に相当する変位が生じている時の建築物の固有周期（以下この号及び第七号において「損傷限界固有周期」という。）を国土交通大臣が定める方法により計算すること。

　　ハ　地震により建築物の各階に作用する地震力を、損傷限界固有周期に応じて次の表に掲げる式によって計算した当該階以上の各階に水平方向に生ずる力の総和として計算すること。

$Td<0.16$ の場合	$Pd_i = (0.64 + 6Td) \, m_i \cdot Bd_i \cdot Z \cdot Gs$
$0.16 \leqq Td < 0.64$ の場合	$Pd_i = 1.6 \, m_i \cdot Bd_i \cdot Z \cdot Gs$
$0.64 \leqq Td$ の場合	$Pd_i = \dfrac{1.024 m_i \cdot Bd_i \cdot Z \cdot Gs}{Td}$

　　　この表において、Td、Pd_i、m_i、Bd_i、Z 及び Gs は、それぞれ次の数値を表すものとする。

　Td　建築物の損傷限界固有周期（単位　s）
　Pd_i　各階に水平方向に生ずる力（単位　kN）
　m_i　各階の質量（各階の固定荷重及び積載荷重との和（第86条第2項ただし書の規定によって特定行政庁が指定する多雪区域においては、更に積雪荷重を加えたものとする。）を重力加速度で除したもの）（単位　t）
　Bd_i　建築物の各階に生ずる加速度の分布を表すものとして、損傷限界固有周期に応じて国土交通大臣が定める基準に従って算出した数値
　Z　第88条第1項に規定するZの数値
　Gs　表層地盤による加速度の増幅率を表すものとして、表層地盤の種類に応じて国土交通大臣が定める方法により算出した数値

　　ニ　各階が、ハによって計算した地震力その他のこれに作用する力に耐えている時に当該階に生ずる水平方向の層間変位を国土交通大臣が定める方法により計算すること。

　四　第88条第4項に規定する地震力により建築物の地下部分の構造耐力上主要な部分の断面に生ずる応力度を第82条第一号及び第二号の規定によって計算し、それぞれ第3款の規定による短期に生ずる力に対する許容応力度を超えないことを確かめること。

　五　地震による加速度によって建築物の各階に作用する地震力を次に定めるところによって計算し、当該地震力が保有水平耐力を超えないことを確かめること。

　　イ　各階が、保有水平耐力に相当する水平力その他のこれに作用する力に耐えている時に当該階に生ずる水平方向の最大の層間変位（以下この号において「安全限界変位」という。）を国土交通大臣が定める方法により計算すること。

　　ロ　建築物のいずれかの階において、イによって計算した安全限界変位に相当する変位が生じている時の建築物の周期（以下この号において「安全限界固有周期」という。）を国土交通大臣が定める方法により計算すること。

ハ　地震により建築物の各階に作用する地震力を、安全限界固有周期に応じて次の表に掲げる式によって計算した当該階以上の各階に水平方向に生ずる力の総和として計算すること。

$Ts<0.16$ の場合	$Ps_i=(3.2+30Ts)\,m_i \cdot Bs_i \cdot Fh \cdot Z \cdot Gs$
$0.16\leqq Ts<0.64$ の場合	$Ps_i=8\,m_i \cdot Bs_i \cdot Fh \cdot Z \cdot Gs$
$0.64\leqq Ts$ の場合	$Ps_i=\dfrac{5.12m_i \cdot Bs_i \cdot Fh \cdot Z \cdot Gs}{Ts}$
この表において、Ts、Ps_i、m_i、Bs_i、Fh、Z及びGsは、それぞれ次の数値を表すものとする。	
Ts　建築物の安全限界固有周期（単位　s）	
Ps_i　各階に水平方向に生ずる力（単位　kN）	
m_i　第三号の表に規定するm_iの数値	
Bs_i　各階に生ずる加速度の分布を表すものとして、安全限界固有周期に対応する振動特性に応じて国土交通大臣が定める基準に従って算出した数値	
Fh　安全限界固有周期における振動の減衰による加速度の低減率を表すものとして国土交通大臣が定める基準に従って算出した数値	
Z　第88条第1項に規定するZの数値	
Gs　第三号の表に規定するGsの数値	

六　第82条第四号の規定によること。

七　屋根ふき材、外装材及び屋外に面する帳壁が、第三号ニの規定によって計算した建築物の各階に生ずる水平方向の層間変位及び同号ロの規定によって計算した建築物の損傷限界固有周期に応じて建築物の各階に生ずる加速度を考慮して国土交通大臣が定める基準に従った構造計算によって風圧並びに地震その他の震動及び衝撃に対して構造耐力上安全であることを確かめること。

八　特別警戒区域内における居室を有する建築物の外壁等が、自然現象の種類、最大の力の大きさ等及び土石等の高さ等（当該外壁等の高さが土石等の高さ等未満であるときは、自然現象の種類、最大の力の大きさ等、土石等の高さ等及び当該外壁等の高さ）に応じて、国土交通大臣が定める基準に従った構造計算によって当該自然現象により想定される衝撃が作用した場合においても破壊を生じないものであることを確かめること。ただし、第80条の3ただし書に規定する場合は、この限りでない。

【告示　平成12年5月31日　建設省告示第1457号】

損傷限界変位、Td、Bd_i、層間変位、安全限界変位、Ts、Bs_i、Fh及びGsを計算する方法並びに屋根ふき材等及び外壁等の構造耐力上の安全を確かめるための構造計算の基準を定める件

建築基準法施行令（昭和25年政令第338号）第82条の5第三号イからニまで、第五号、第七号並びに第八号の規定に基づき、損傷限界変位、Td、Bd_i、層間変位、安全限界変位、Ts、Bs_i、Fh及びGsを計算する方法並びに屋根ふき材等の構造耐力上の安全を確かめるための構造計算の基準を次のように定める。

　　　　　　　　　　　　　　　　　改正　平成25年8月5日　国土交通省告示　第773号

第1　建築基準法施行令（以下「令」という。）第82条の5に規定する限界耐力計算（第三号及び第五号に係る部分に限る。）は、増分解析に基づき行うものとし、かつ、各階が第6の規定によって計算した安全限界変位に達するまでに当該各階における有害な耐力の低下がないことを確かめなければならない。

第2　令第82条の5第三号イに規定する建築物の各階の損傷限界変位は、平成19年国土交通省告示第594号第1の規定に従って架構を定め、各階の架構がそれぞれ当該階の損傷限界耐力に相当する水平力その他のこれに作用する力（平成19年国土交通省告示第594号第2第三号の規定を準用して計算する力を含む。）に耐えている場合における当該力に対する架構の水平方向の変位として計算しなければならない。

第3　令第82条の5第三号ロに規定する建築物の損傷限界固有周期Tdは、次の式によって計算するものとする。ただし、平成13年国土交通省告示第1113号第1に規定する方法による地盤調査（以下「地盤調査」という。）により地盤の特性を求めた場合においては更に次項の規定によって計算した周期調整係数を乗じることができるものとし、建築物の各部分の質量及び剛性に基づき固有値解析その他の方法によって当該周期を計算できる場合においては、当該計算によることができるものとする。

$$Td = 2\pi \sqrt{Mu_d \frac{\Delta d}{Qd}}$$

　　この式において、Td、Mu_d、Δd及びQdは、それぞれ次の数値を表すものとする。
　　　Td　建築物の損傷限界固有周期（単位　s）
　　　Mu_d　次の式によって計算した建築物の有効質量（単位　t）

$$Mu_d = \frac{(\Sigma m_i \cdot \delta d_i)^2}{\Sigma m_i \cdot \delta d_i^2}$$

> この式において、m_i 及び δd_i は、それぞれ次の数値を表すものとする。
> 　　m_i　第 i 階の質量（単位　t）
> 　　δd_i　第 i 階に次の式によって計算した建築物の損傷限界耐力に相当する水平力 Pd_i（単位　kN）が作用しているとき（以下「建築物の損傷限界時」という。）に生ずる第 i 階の基礎からの変位（単位　m）
>
> $$Pd_i = \frac{Bd_i \cdot m_i}{\Sigma_{j=1}^{N} Bd_j \cdot m_j} \cdot Qd$$
>
> > この式において、Bd_i 及び Qd は、それぞれ次の数値を表すものとする。
> > 　　Bd_i　第 2 の規定による第 i 階における加速度の分布係数
> > 　　Qd　建築物の損傷限界耐力（単位　kN）

Qd　次に定めるところにより計算した建築物の損傷限界耐力（単位　kN）

　各階について次の式によって計算した損傷限界耐力の 1 階層せん断力係数換算値 qd_i のうち最小の値に、建築物の全重量を乗じた値として計算すること。

$$qd_i = \frac{Qd_i}{\dfrac{\Sigma_{j=1}^{N} Bd_j \cdot m_j}{\Sigma_{j=1}^{N} Bd_j \cdot m_j} \cdot \Sigma_{j=1}^{N} m_j \cdot g}$$

この式において、qd_i、Qd_i、Bd_i 及び m_i は、それぞれ次の数値を表すものとする。
　　qd_i　第 i 階の損傷限界耐力の 1 階層せん断力係数換算値
　　Qd_i　第 i 階の損傷限界耐力（単位　kN）
　　Bd_i　第 2 の規定による第 i 階における加速度の分布係数
　　m_i　第 i 階の質量（単位　t）

Δd　次の式によって計算した建築物の代表変位（単位　m）

$$\Delta d = \frac{\Sigma m_i \cdot \delta d_i^2}{\Sigma m_i \cdot \delta d_i}$$

この式において、m_i 及び δd_i は、それぞれ次の数値を表すものとする。
　　m_i　第 i 階の質量（単位　t）
　　δd_i　Mu_d の計算式に規定する第 i 階の基礎からの変位（単位　m）

2 周期調整係数は、次の式によって計算するものとする。

$$r = \sqrt{1 + \left(\frac{Tsw}{Td}\right)^2 + \left(\frac{Tro}{Td}\right)^2}$$

この式において、r、Tsw、Td 及び Tro は、それぞれ次の数値を表すものとする。
　　r　　周期調整係数
　Tsw　　次の式によって計算したスウェイ固有周期（単位　s）

$$Tsw = 2\pi\sqrt{\frac{Mu_d}{K_h}}$$

この式において、Mu_d 及び K_h は、それぞれ次の数値を表すものとする。
　　Mu_d　前項に規定する建築物の有効質量（単位　t）
　　K_h　　地盤調査の結果による地震時の表層地盤のせん断ひずみに応じた水平地盤ばね定数（単位　kN/m）

　Td　　前項に規定する建築物の損傷限界固有周期（単位　s）
　Tro　　次の式によって計算したロッキング固有周期（単位　s）

$$Tro = 2\pi\sqrt{\frac{Mu_d}{K_r}} \cdot H$$

この式において、Mu_d、K_r 及び H は、それぞれ次の数値を表すものとする。
　　Mu_d　前項に規定する建築物の有効質量（単位　t）
　　K_r　　地盤調査の結果による地震時の表層地盤のせん断ひずみに応じた回転地盤ばね定数（単位　kNm/rad）
　　H　　前項の規定による建築物の代表変位と建築物の基礎からの変位が同一となる地上部分の高さ（以下「代表高さ」という。）に基礎底面までの地下部分の深さを加えた値（単位　m）

3　令第82条の5第四号に規定する建築物の地下部分の計算に当たっては、当該建築物の損傷限界時に地下部分に生ずる力を用いて計算しなければならない。ただし、第5ただし書の規定によって建築物の各階の層間変位を計算した場合にあっては、建築物の各階の変位が当該層間変位に達する場合に地下部分に生ずる力を用いて計算することができる。

第4　令第82条の5第三号ハの表に規定する建築物の各階に生ずる加速度の分布係数 Bd_i は、建築物の損傷限界時の各階の変形の分布に基づき、損傷限界固有周期に応じた刺激関数によって計算し、次の表に掲げる p および q を乗じて得た数値とする。ただし、建築物が地階を除く階数が5以下の階である場合においては、階の区分に応じて次の表の（一）項又は（二）項に掲げる式によって各階につき計算した bd_i を用いて、次の表の（三）項に掲げる式により計算することができる。

（一）	最上階の bd_i	$bd_i = 1 + \left(\sqrt{\alpha_i} - \alpha_i^2\right) \cdot \dfrac{2h(0.02 + 0.01\lambda)}{1 + 3h(0.02 + 0.01\lambda)} \cdot \dfrac{\Sigma m_i}{m_N}$
（二）	最上階以外の階の bd_i	$bd_i = 1 + \left(\sqrt{\alpha_i} - \sqrt{\alpha_{i+1}} - \alpha_i^2 + \alpha_{i+1}^2\right) \cdot \dfrac{2h(0.02 + 0.01\lambda)}{1 + 3h(0.02 + 0.01\lambda)} \cdot \dfrac{\Sigma m_i}{m_i}$
（三）	加速度の分布係数 Bd_i	$Bd_i = p \cdot q \cdot \dfrac{Mu_d}{\Sigma_{j=1}^{N} m_j} \cdot bd_i$

この式において、α_i、h、λ、m_i、p、q 及び Mu_d は、それぞれ次の数値を表す。

- α_i　建築物の bd_i を計算しようとする高さの部分が支える部分の固定荷重と積載荷重との和（令第86条第2項ただし書の規定によって特定行政庁が指定する多雪区域においては、更に積雪荷重を加えるものとする。以下同じ。）を当該建築物の地上部分の固定荷重と積載荷重との和で除した数値
- h　建築物の高さ（単位　m）
- λ　建築物のうち柱及びはりの大部分が木造又は鉄骨造である階（地階を除く。）の高さの合計の h に対する比
- m_i　第 i 階の質量（単位　t）
- p　建築物の階数及び損傷限界固有周期に応じて次の表に掲げる式によって計算した数値

階数	損傷限界固有周期 0.16 秒以下の場合	0.16 秒を超える場合
1	$1.00 - \dfrac{0.20}{0.16} Td$	0.80
2	$1.00 - \dfrac{0.15}{0.16} Td$	0.85
3	$1.00 - \dfrac{0.10}{0.16} Td$	0.90
4	$1.00 - \dfrac{0.05}{0.16} Td$	0.95
5 以上	1.00	1.00

この表において、Td は、建築物の損傷限界固有周期（単位　s）を表すものとする。

- q　建築物の全質量に対する有効質量の比率（以下「有効質量比」という。）に応じて次の表に掲げる式によって計算した数値

有効質量比	0.75 未満	$0.75 \dfrac{\Sigma m_i}{Mu_d}$
	0.75 以上	1.0

Mu_d　前項に規定する建築物の有効質量（単位　t）

第5　令第82条の5第三号ニに規定する各階に生ずる水平方向の層間変位は、第3第1項に規定する建築物の損傷限界時における各階に生ずる水平方向の層間変位とする。ただし、建築物に生ずる水平力と変位の関係に基づき、建築物の各部分の質量及び剛性に基づく固有値解析その他の方法によって第3第1項に規定する損傷限界固有周期 T_d を計算した場合にあっては、当該損傷限界固有周期 T_d における各階の変位を層間変位とすることができる。

第6　令第82条の5第五号イに規定する各階の安全限界変位は、建築物の各階が保有水平耐力に相当する水平力その他これに作用する力に対して耐えているときに、当該階の一の部材が次の式によって計算した部材の限界変形角に達した場合の層間変位以下の変位とする。ただし、限界変形角に達した部材を取り除いたと仮定した架構がなお倒壊、崩壊等に至っていないことが確認された場合においては、当該架構に基づき各階の安全限界変位を求めることができるものとする。

$$Ru = Rb + Rs + Rx$$

この式において、Ru、Rb、Rs 及び Rx は、それぞれ次の数値を表すものとする。

Ru　部材の限界変形角（単位　rad）

Rb　次の式によって計算した曲げに対する部材の変形角（単位　rad）

$$Rb = \frac{\phi_y a}{3} + (\phi_u - \phi_y) \cdot l_p \cdot \left(1 - \frac{l_p}{2a}\right)$$

この式において、ϕ_y、ϕ_u、l_p 及び a は、それぞれ次の数値を表すものとする。

ϕ_y　損傷限界時における部材の曲率（単位　rad/m）

ϕ_u　部材の最大耐力時のヒンジ領域での曲率（単位　rad/m）
　　　ただし、建築物の安全限界耐力時に当該部材に作用する力に対し部材の耐力が低下していない場合にあっては、そのときの曲率とすることができる。

l_p　ヒンジ領域の長さ（単位　m）

a　部材のせん断スパン長さ（せん断力を受ける部分の長さをいう。）で、部材の内法長さに0.5を乗じた数値（単位　m）

Rs　安全限界耐力時に当該部材に作用する力により生ずる部材のせん断変形角（単位　rad）

Rx　隣接する他の部材との接合部分における変形、その他構造形式に応じて実況により求まる部材の変形角（単位　rad）

2 前項の規定により建築物の各階について定める安全限界変位の当該各階の高さに対する割合は、それぞれ75分の1（木造である階にあっては、30分の1）を超えないものとしなければならない。ただし、特別な調査又は研究の結果に基づき安全限界変位に相当する変位が生ずる建築物の各階が当該建築物に作用する荷重及び外力に耐えることができることが確かめられた場合にあっては、この限りでない。

第7 令第82条の5第五号ロに規定する建築物の安全限界固有周期 Ts は、次の式によって計算するものとする。ただし、地盤調査によって地盤の特性を求めた場合においては、更に次項の規定によって計算した周期調整係数を乗じることができるものとし、建築物の各部分の質量及び剛性に基づき固有値解析等の手法によって当該周期を計算できる場合においては、当該計算によることができるものとする。

$$Ts = 2\pi \sqrt{Mu_s \frac{\Delta s}{Qs}}$$

この式において、Ts、Mu_s、Δs 及び Qs は、それぞれ次の数値を表すものとする。

Ts　　建築物の安全限界固有周期（単位　s）

Mu_s　次の式によって計算した建築物の有効質量（単位　t）

$$Mu_s = \frac{(\Sigma m_i \cdot \delta s_i)^2}{\Sigma m_i \cdot \delta s_i^2}$$

この式において、m_i 及び δs_i は、それぞれ次の数値を表すものとする。

m_i　　第 i 階の質量（単位　t）

δs_i　第 i 階に次の式によって計算した建築物の安全限界耐力に相当する水平力 Ps_i（単位　kN）が作用しているとき（以下「建築物の安全限界時」という。）に生ずる第 i 階の基礎からの変位（単位　m）

$$Ps_i = \frac{Bs_i m_i}{\sum_{j=1}^{N} Bs_j \cdot m_j} \cdot Qs$$

この式において、Bs_i 及び Qs は、それぞれ次の数値を表すものとする。

Bs_i　第8の規定による第 i 階における加速度の分布係数

Qs　　建築物の安全限界耐力（単位　kN）

Qs　　次に定めるところにより計算した建築物の安全限界耐力（単位　kN）

各階について次の式によって計算した安全限界耐力の1階層せん断力係数換算値 qs_i のうち最小の値に、建築物の全重量を乗じた値として計算すること。

$$qs_i = \frac{Qu_i}{Fe_i \cdot \frac{\sum_{j=1}^{N} Bs_j \cdot m_j}{\sum_{j=1}^{N} Bs_j \cdot m_j} \cdot \Sigma_{j=1}^{N} m_j \cdot g}$$

この式において、qs_i、Qu_i、Fe_i、Bs_i 及び m_i は、それぞれ次の数値を表すものとする。

  qs_i 第i階の保有水平耐力の1階層せん断力係数換算値
  Qu_i 第i階の保有水平耐力（単位　kN）
  Fe_i 昭和55年建設省告示第1792号に定める基準の第7表2に掲げる建築物の第i階におけるFeの数値。ただし、構造耐力上主要な部分の水平力に対する剛性、耐力及びそれらの配置の状況を考慮して保有水平耐力に与える偏心の影響に基づいて計算する場合においては、当該計算によることができるものとする。
  Bs_i 第8の規定による第i階に生ずる加速度の分布係数
  m_i 第i階の質量（単位　t）
  Δs 次の式によって計算した建築物の代表変位（単位　m）

$$\Delta s = \frac{\Sigma m_i \cdot \delta s_i^2}{\Sigma m_i \cdot \delta s_i}$$

> この式において、m_i 及び δs_i は、それぞれ次の数値を表すものとする。
> m_i 第i階の質量（単位　t）
> δs_i Mu_s の計算式に規定する第i階の基礎からの変位（単位　m）

2　周期調整係数 r は、第3第2項の式によって計算するものとする。この場合において、Td 及び Mu_d は、それぞれ Ts 及び Mu_s と読み替えるものとする。

3　建築物の安全限界時において、構造部材である柱、はり若しくは壁又はこれらの接合部が、せん断破壊その他これに類する構造耐力上主要な部分の脆性的な破壊等によって構造耐力上支障のある急激な耐力の低下が生ずるおそれがないことを次に定めるところによって確かめること。

一　建築物の安全限界時において塑性ヒンジを生ずる構造耐力上主要な部分（以下この項において「塑性ヒンジ部材」という。）にあっては、第1項に規定する Δs の数値を1.5倍した場合における各階の層間変位を計算し、当該層間変位における各塑性ヒンジ部材の変形角が、第6第1項の規定によって計算した限界変形角を、それぞれ超えないことを確かめること。

二　塑性ヒンジ部材以外の構造耐力上主要な部分にあっては、平成19年国土交通省告示第594号第4第三号に規定する構造計算を行うこと。

4　建築物の地上部分の塔状比（計算しようとする方向における架構の幅に対する高さの比をいう。）が4を超える場合にあっては、次の各号に掲げる層せん断力のいずれかが作用するものとした場合に建築物の地盤、基礎ぐい又は地盤アンカーに生ずる力を計算し、当該力が地盤にあっては地盤調査によって求めた極限応力度に基づき計算した極限支持力の数値を、基礎ぐい及び地盤アンカーにあっては令第3章第8節第4款に規定する材料強度によって計算した当該基礎ぐい及び地盤アンカーの耐力並びに地盤調査によって求めた圧縮方向及び引抜き方向の極限支持力の数値を、それぞれ超えないことを確かめるものとする。ただし、特別な調査又は研究によって地震力が作用する建築物の全体の転倒が生じないことを確かめた場合にあっては、この限りでない。

一　令第88条第1項に規定する地震力について標準せん断力係数を0.3以上として計算した層せん断力

二　建築物の安全限界時に各階に作用するものとした層せん断力

第8　令第82条の5第五号ハに規定する建築物の各階に生ずる加速度の分布係数 Bs_i は、第4の規定によって

計算するものとする。この場合において、第三号ハの表、損傷限界、T_d、M_{u_d} 及び bd_i は、それぞれ第五号ハの表、安全限界、T_s、M_{u_s} 及び bs_i と読み替えるものとする。

第9 令第82条の5第五号ハに規定する振動の減衰による加速度の低減率 F_h は、次の式によって計算するものとする。ただし、建築物の地震応答に対する部材又は建築物の減衰性の影響を考慮した計算手法によって F_h を算出できる場合においては、当該計算によることができる。

$$F_h = \frac{1.5}{1+10h}$$

2 前項の式において、h は、次の各号（鉄筋コンクリート造その他これに類する架構において弾性状態における剛性の低下が生ずるおそれのある構造方法とする場合にあっては、第二号を除く。）のいずれかにより求めた建築物の減衰を表す数値とする。ただし、部材又は建築物の減衰性を、これらを弾性とみなした場合の粘性減衰定数によって表すことができる場合においては、当該数値とすることができる。

一 建築物の減衰を表す数値 h を個々の部材の減衰特性から求める場合は、次の式によって計算するものとする。

$$h = \frac{\sum_{i=1}^{N} {}_m he_i \cdot {}_m W_i}{\sum_{i=1}^{N} {}_m W_i} + 0.05$$

> この式において、h、${}_m he_i$ 及び ${}_m W_i$ は、それぞれ次の数値を表すものとする。
>
> h　建築物の減衰性を表す数値
>
> ${}_m he_i$　建築物の安全限界時の各部材の減衰特性を表す数値で、木造、鉄骨造及び鉄筋コンクリート造にあっては、イの規定によることとし、木造、鉄骨造及び鉄筋コンクリート造以外の構造又は部材の耐力に応じた変形の特性に基づく場合には、ロの規定によることとする。
>
> ${}_m W_i$　建築物の安全限界変形時の各部材の変形にその時の各部材の耐力を乗じて2で除した値（単位　kNm）

イ 木造、鉄骨造及び鉄筋コンクリート造の部材における ${}_m he_i$ は、次の式によって計算するものとする。

$${}_m he_i = \gamma_1 \cdot \left(1 - \frac{1}{\sqrt{{}_m Df_i}}\right)$$

> この式において、γ_1 及び ${}_m Df_i$ は、それぞれ次の数値を表すものとする。
>
> γ_1　部材の構造形式に応じた減衰特性を表す係数で、次の表に掲げる数値
>
> | 構造形式 | γ_1 |
> |---|---|
> | 部材を構成する材料及び隣接する部材との接合部が緊結された部材 | 0.25 |
> | その他の部材又は地震力が作用するときに座屈による耐力低下を生ずる圧縮力を負担する筋かい部材 | 0.2 |

$_m\mathrm{Df}_i$　各部材の塑性の程度を表すものとして次の式により計算した数値（1を下回る場合には、1とする。）

$$_m\mathrm{Df}_i = \frac{_m\delta s_i}{_m\delta d_i}$$

この式において、$_m\delta s_i$ 及び $_m\delta d_i$ は、それぞれ次の数値を表すものとする。

$_m\delta s_i$　建築物の安全限界変位時に各部材に生ずる変形（単位　m）

$_m\delta d_i$　各部材の損傷限界変形（単位　m）

ロ　木造、鉄骨造及び鉄筋コンクリート造以外の構造又は部材の耐力に応じた変形の特性に基づく場合の $_m\mathrm{he}_i$ は、γ_1 を 0.25 としてイの規定を準用することで計算した数値を上限として、次の式によって計算した建築物の安全限界時における当該部材の等価粘性減衰定数に 0.8 を乗じた数値以下の数値とすることができる。

$$_m\mathrm{he}_i = \frac{1}{4\pi} \cdot \frac{\Delta W_i}{_m W_i}$$

この式において、ΔW_i 及び $_m W_i$ は、それぞれ次の数値を表すものとする。

ΔW_i　建築物の安全限界時に各部材に生ずる変形を最大点とする履歴特性曲線で囲まれる面積（単位　kNm）

$_m W_i$　建築物の安全限界時に各部材に生ずる変形にその際の各部材の耐力を乗じて2で除した数値（単位　kNm）

二　前号イに規定する建築物の塑性の程度を表す数値 $_m\mathrm{Df}_i$ が 1 以上である部材について、イに規定する γ_1 がすべて等しい場合には、建築物の減衰性を表す数値 h は、次の式によって計算することができる。

$$h = \gamma_1 \cdot \left(1 - \frac{1}{\sqrt{\mathrm{Df}}}\right) + 0.05$$

この式において、γ_1 及び Df は、それぞれ次の数値を表すものとする。

γ_1　その構成する部材の構造形式に応じた建築物の減衰特性を表す係数で、前号イに規定する γ_1 の表に掲げる数値

Df　建築物の塑性の程度を表すものとして次の式によって計算した数値（ただし、1を下回る場合には、1とする）

$$\mathrm{Df} = \frac{\Delta s \cdot Qd}{\Delta d \cdot Qs}$$

この式において、Δs、Qd、Δd 及び Qs は、それぞれ次の数値を表すものとする。

Δs　第7第1項に規定する建築物の安全限界時における代表変位（単位　m）

Qd　第3第1項に規定する建築物の損傷限界耐力（単位　kN）

Δd　第3第1項に規定する建築物の損傷限界時における代表変位（単位　m）

Qs　第7第1項に規定する建築物の安全限界耐力（単位　kN）

三　建築物の減衰を表す数値 h を建築物に生ずる水平力と当該水平力により建築物に生ずる変位の関係から求める場合は、次の式によって計算するものとする。

$$h = \gamma_1 \cdot \left(1 - \frac{1}{\sqrt{Df}}\right) + 0.05$$

この式において、γ_1 及び Df は、それぞれ次の数値を表すものとする。

γ_1　第一号に規定する部材の構造形式に応じた建築物の減衰特性を表す係数

Df　建築物の塑性の程度を表すものとして次の式によって計算した数値（ただし、1を下回る場合には1とする。）

$$Df = \frac{\Delta s}{\Delta y}$$

この式において、Δs 及び Δy は、それぞれ次の数値を表すものとする。

Δs　第7第1項に規定する建築物の安全限界時における代表変位（単位　m）

Δy　次の図の点 X_2 における建築物に生ずる変位（単位　m）

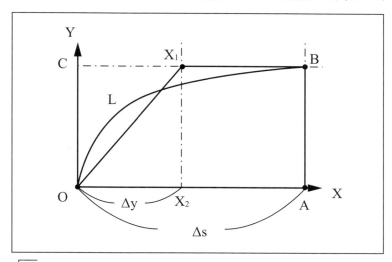

この図において、X軸、Y軸、点O、曲線L、点A、点B、点C、点 X_1 及び点 X_2 はそれぞれ次に定めるものを表すものとし、X軸とY軸は互いに直角に交わるものとする。

X軸　建築物に生ずる変位（単位　m）

Y軸　建築物に作用する水平力（単位　kN）

点O　X軸とY軸の交点

曲線L　建築物に作用する水平力と当該水平力により建築物に生ずる変位の関係を示した曲線（以下この号において「特性曲線」という。）

点A　建築物に生ずる変位が Δs のときのX軸上の点

点B　点Aを通りX軸と直角に交わる直線と曲線Lの交点

点C　建築物に作用する水平力が第7第1項に規定する建築物の安全限界耐力のY軸上の点

点 X_1　点Cと点Bを結ぶ直線上の点で、その点、点B、点A及び点Oを頂点とする四角形の面積が曲線L、点Bと点Aを結ぶ直線及び点Aと点Oを結ぶ直線により囲まれる図形の面積と等しくなるときの点。

ただし、令第82条の5第三号ハの表に規定する地震力による建築物の各階の水平方向の変位を特性曲線を用いて計算し、当該変位を安全限界変位とする場合にあっては、点Cと点Bを結ぶ直線に替えて、特性曲線の安全限界変位における接線を用いることができるものとする。

点 X_2　点 X_1 を通り X 軸と直角に交わる直線と X 軸の交点

四　地盤調査によって地盤の特性を求めた場合には、建築物の減衰性を表す数値 h は、次の式によって計算することができる。

$$h = \frac{1}{r^3} \cdot \left\{ hsw \cdot \left(\frac{Tsw}{Ts}\right)^3 + hro \cdot \left(\frac{Tro}{Ts}\right)^3 + hb \right\}$$

この式において、r、hsw、Tsw、Ts、hro、Tro 及び hb は、それぞれ次の数値を表すものとする。

　r　　　第7第2項に規定する安全限界時の周期調整係数

　hsw　　地盤調査の結果による地震時の表層地盤のせん断ひずみに応じた水平地盤粘性減衰定数（hsw に $\frac{Tsw}{r \cdot Ts}$ を乗じて得た数値が 0.3 を超える場合には、0.3 を $\frac{Tsw}{r \cdot Ts}$ で除した数値とする）。

　Tsw　　第7第2項に規定する安全限界時のスウェイ固有周期（単位　s）

　Ts　　　第7第1項に規定する安全限界固有周期（単位　s）

　hro　　地盤調査の結果による地震時の表層地盤のせん断ひずみに応じた回転地盤粘性減衰定数（hro に $\frac{Tro}{r \cdot Ts}$ を乗じて得た数値が 0.15 を超える場合には、0.15 を $\frac{Tro}{r \cdot Ts}$ で除した数値ととする。）

　Tro　　第7第2項に規定する安全限界時のロッキング固有周期（単位　s）

　hb　　前3号のいずれかにより求めた建築物の減衰性を表す数値 h を、当該建築物の地上部分の減衰性を表わす数値 h を表すものとして読み替えた数値

第10　令第82条の5第三号の表に規定する表層地盤（次項第一号に規定する工学的基盤上面以浅の地盤をいう。以下同じ。）による加速度の増幅率を表す数値 Gs は、地盤が昭和55年建設省告示第1793号第2の表中 Tc に関する表に掲げる第一種地盤に該当する区域にあっては次の表一に掲げる式により、第二種地盤又は第三種地盤に該当する区域にあっては次の表二に掲げる式により計算すること。

一

T＜0.576	Gs＝1.5
0.576≦T＜0.64	$Gs = \frac{0.864}{T}$
0.64＜T	Gs＝1.35
この表において、T は、建築物の固有周期（単位　秒）を表すものとする。	

二

T＜0.64	Gs＝1.5
0.64≦T＜Tu	$Gs = 1.5 \left(\dfrac{T}{0.64} \right)$
Tu＜T	Gs＝gv

この表において、T、Tu 及び gv は、それぞれ次の数値を表すものとする。

T　建築物の固有周期（単位　秒）

Tu　次の式によって計算した数値（単位　秒）

$$Tu = 0.64 \left(\dfrac{gv}{1.5} \right)$$

gv　地盤種別に応じて次の表に掲げる数値

第二種地盤	2.025
第三種地盤	2.7

2　前項の規定にかかわらず、令第82条の5第五号ハの表に規定する Gs の数値は、地盤の液状化による表層地盤の変形による影響が Gs の計算に支障を生じるおそれのない場合で、かつ、建築物の敷地は、がけ地その他これらに類する傾斜した地盤又はその近傍にない場合（特別な調査又は研究の結果に基づき傾斜した地盤における工学的基盤からの増幅と同等以上の増幅を計算できる場合を除く。）においては、第一号から第三号までに定めるところにより計算することができるものとする。

一　地盤調査によって地下深所に至る十分な層厚と剛性を有し、かつ、次のイからハまでに掲げる基準に適合する工学的基盤を有することを確かめること。

　　イ　地盤のせん断波速度が約 400m/s 以上であること。

　　ロ　地盤の厚さが 5m 以上であること。

　　ハ　建築物の直下を中心とし、表層地盤の厚さの 5 倍程度の範囲において地盤の深さが一様なものとして 5 度以下の傾斜であること。ただし、特別な調査又は研究の結果に基づき傾斜する工学的基盤からの地震動の増幅と同等以上の増幅を計算できる場合にあっては、この限りでない。

二　Gs は、次の表の（い）欄に掲げる建築物の安全限界固有周期に応じて、イによって計算した地盤の卓越周期及びロによって計算した表層地盤の増幅率を用いて、次の表の（ろ）欄に掲げる式によって計算すること。この場合において、建築物の安全限界時の Gs が 1.23 を下回るときは 1.23 とするものとし、更に、建築物と表層地盤との相互作用を考慮してハによって計算される相互作用に関する係数 β を乗じることができるものとする。

	（い）	（ろ）
（一）	$T \leqq 0.8T_2$	$Gs = Gs_2 \cdot \dfrac{T}{0.8T_2}$
（二）	$0.8T_2 < T \leqq 0.8T_1$	$Gs = \dfrac{Gs_1 - Gs_2}{0.8(T_1 - T_2)} \cdot T + Gs_2 - 0.8 \cdot \dfrac{Gs_1 - Gs_2}{0.8(T_1 - T_2)} \cdot T_2$
（三）	$0.8T_1 < T \leqq 1.2T_1$	$Gs = Gs_1$
（四）	$1.2T_1 < T$	$Gs = \dfrac{Gs_1 - 1}{\dfrac{1}{1.2T_1} - 0.1} \cdot \dfrac{1}{T} + Gs_1 - \dfrac{Gs_1 - 1}{\dfrac{1}{1.2T_1} - 0.1} \cdot \dfrac{1}{1.2T_1}$

> この表において、T、T_1、T_2、Gs_1 及び Gs_2 は、それぞれ次の数値を表すものとする。
>   T　建築物の損傷限界固有周期又は安全限界固有周期（単位　秒）
> T_1　表層地盤の一次卓越周期（単位　秒）
> T_2　表層地盤の二次卓越周期（単位　秒）
> Gs_1　表層地盤の一次卓越周期に対する増幅率
> Gs_2　表層地盤の二次卓越周期に対する増幅率

　イ　表層地盤の一次卓越周期及び二次卓越周期は、それぞれ次に掲げる式によって計算する。

（1）　$T_1 = \dfrac{4(\Sigma H_i)^2}{\Sigma \sqrt{\dfrac{G_i}{\rho_i} \cdot H_i}}$

（2）　$T_2 = \dfrac{T_1}{3}$

> これらの式において、T_1、T_2、H_i、G_i 及び ρ_i は、それぞれ次の値を表すものとする。
> T_1　表層地盤の一次卓越周期（単位　秒）
> T_2　表層地盤の二次卓越周期（単位　秒）
> H_i　地盤調査によって求められた地盤の各層の層厚（単位　m）
> G_i　地盤調査の結果による地盤の各層のせん断剛性で、地震時に生ずる地盤のせん断ひずみに応じて計算した数値
> ρ_i　地盤調査によって求められた地盤の各層の密度（単位　t/m^3）

　ロ　表層地盤の一次卓越周期に対する増幅率 Gs_1 及び二次卓越周期に対する増幅率 Gs_2 は、それぞれ次に掲げる式によって計算するものとする。

(1) $Gs_1 = \dfrac{1}{1.57h + \alpha}$

(2) $Gs_2 = \dfrac{1}{4.71h + \alpha}$

> これらの式において、α 及び h は、それぞれ次の数値を表すものとする。
>
> α 次の式によって計算した波動インピーダンス比
>
> > $$\alpha = \dfrac{\Sigma \sqrt{\dfrac{G_i}{\rho_i}} \cdot H_i \cdot \Sigma \rho_i \cdot H_i}{(\Sigma H_i)^2} \cdot \dfrac{1}{\rho_B \cdot V_B}$$
> >
> > この式において、ρ_B 及び V_B は、それぞれ次の数値を表すものとする。
> >
> > ρ_B 地盤調査によって求められた工学的基盤の密度（単位 t/m^3）
> >
> > V_B 地盤調査によって求められた工学的基盤のせん断波速度（単位 m/s）
>
> h 地震時の表層地盤によるエネルギー吸収の程度を表すものとして次の式によって計算した数値（0.05 未満となる場合には、0.05 とする。）
>
> $h = \dfrac{\Sigma h_i \cdot w_i}{\Sigma w_i}$
>
> > この式において、h_i 及び w_i は、それぞれ次の数値を表すものとする。
> >
> > h_i 地盤調査の結果による表層地盤の各層の減衰定数で、地震時に生ずる表層地盤のせん断ひずみに応じて計算した数値
> >
> > w_i 地震時における表層地盤の各層の最大弾性ひずみエネルギーを表すものとして次の式によって計算した数値
> >
> > $w_i = \dfrac{G_i}{2H_i}(u_i - u_{i-1})^2$
> >
> > > この式において、u_i は、地震時における地盤の各層における最上部の工学的基盤からの相対変位（単位 m）を表すものとする。

ハ 建築物と表層地盤との相互作用に関する係数 β は、次の式によって計算するものとする。ただし、β が 0.75 を下回る場合にあっては、0.75 とする。

$$\beta = \dfrac{K_{hb}\left\{1 - \left(1 - \dfrac{1}{Gs}\right) \cdot \dfrac{D_e}{\Sigma H_i}\right\} + K_{he}}{K_{hb} + K_{he}}$$

> この式において、K_{hb}、Gs、D_e、H_i 及び K_{he} は、それぞれ次の数値を表すものとする。
>
> K_{hb} 地盤調査によって求められた建築物の地下部分の底面における水平地盤ばね定数（単位 kN/m）
>
> Gs 第二号に規定する Gs の数値
>
> D_e 地表面から基礎底面までの深さ（単位 m）
>
> H_i イに規定する地盤の各層の層厚（単位 m）

    K_{he} 地盤調査によって求められた建築物の地下部分の側面における水平地盤ばね定数（単位　kN/m）

三　敷地内の表層地盤の各層について、当該層の上層においてせん断波速度に地盤密度を乗じて得た数値が2倍程度変化する場合にあっては、当該層を工学的基盤とみなして前号の規定により Gs を計算し、当該数値と前号の規定による数値のいずれか大きな数値を当該地盤の Gs とすること。

第11　令第82条の5第七号に規定する屋根ふき材、特定天井、外装材及び屋外に面する帳壁の構造計算の基準は、次のとおりとする。

一　屋根ふき材、外装材及び屋外に面する帳壁の構造計算の基準は、次のとおりとする。
 イ　風圧力に対して、平成12年建設省告示第1458号に規定する構造計算を行うこと。
 ロ　地震力に対して、次に定める方法により構造計算を行うこと。ただし、令第39条の規定に適合し、かつ、令第82の5第三号の規定により求めた建築物の層間変位の各階の高さに対する割合が1/200以下であることが確かめられた場合においては、この限りでない。
  (1)　屋根ふき材について、令第82条の5第三号の地震力を考慮して、屋根ふき材が取り付く階に生ずる加速度によって当該屋根ふき材の面内及び面外に作用する力を求め、当該力により緊結部分に生ずる応力度が短期に生ずる力に対する許容応力度を超えないことを確かめること。
  (2)　外装材及び屋外に面する帳壁（以下「外装材等」という。）について、令第82条の5第三号の地震力を考慮して、外装材等が取り付く部分の上下の部分に生ずる加速度によって当該帳壁等の面内及び面外に作用する力を求め、当該力により緊結部分に生ずる応力度が短期に生ずる力に対する許容応力度を超えないことを確かめること。
  (3)　外装材等について、令第82条の5第三号の地震力を考慮して、外装材等が取り付く階に生ずる層間変位を求め、当該変位により緊結部分に生ずる応力度が短期に生ずる力に対する許容応力度を超えないことを確かめること。ただし、当該部分の脱落防止その他有効な手法を用いて、地震に対する安全性が同等以上であることが確かめられた場合においては、この限りでない。

二　特定天井の構造計算の基準は、次のとおりとする。ただし、平成25年国土交通省告示第771号第3第1項に定める基準に適合するもの、令第39条第3項の規定に基づく国土交通大臣の認定を受けたもの又は同告示第3第2項第一号に定める構造計算によって構造耐力上安全であることが確かめられた場合においては、この限りでない。
 イ　天井面構成部材（天井面を構成する天井板、天井下地材及びこれに附属する金物をいう。以下同じ。）の各部分が、地震の震動により生ずる力を構造耐力上有効に当該天井面構成部材の他の部分に伝えることができる剛性及び強度を有することを確かめること。
 ロ　令第82条の5第三号の地震力を考慮して、天井が取り付く部分に生ずる水平方向の加速度（計算しようとする方向の柱の相互の間隔が15mを超える場合にあっては、水平方向及び鉛直方向の加速度）によって天井面に作用する力を求め、当該力により天井に生ずる力が当該天井の許容耐力（繰り返し載荷試験その他の試験又は計算によって確認した損傷耐力（天井材の損傷又は接

合部分の滑り若しくは外れが生ずる力に対する耐力をいう。）に三分の二以下の数値を乗じた値をいう。）を超えないことを確かめること。ただし、特別な調査又は研究の結果に基づいて天井面に作用する力を算出する場合においては、当該算出によることができるものとする。

ハ 天井面構成部材と壁、柱その他の建築物の部分又は建築物に取り付けるもの（構造耐力上主要な部分以外の部分であって、天井面構成部材に地震その他の震動及び衝撃により生ずる力を負担させるものを除く。以下「壁等」という。）との隙間（当該隙間の全部又は一部に相互に応力を伝えない部分を設ける場合にあっては、当該部分は隙間とみなす。以下同じ。）が、天井面に作用する力及び天井を設ける階に生ずる層間変位を考慮して次に定める式によって算定した値以上であることを確かめること。ただし、特別な調査又は研究の結果に基づいて、地震時に天井面構成部材が壁等と衝突しないよう天井面構成部材と壁等との隙間を算出する場合においては、当該算出によることができるものとする。

$$d_{cl} = \frac{3}{2}\left(\frac{T_{cl}}{2\pi}\right)^2 \cdot a_{cl} + \frac{3}{2}L_{cl} \cdot R$$

この式において、d_{cl}、T_{cl}、a_{cl}、L_{cl} 及び R は、それぞれ次の数値を表すものとする。

d_{cl} 天井面構成部材と壁等との隙間（単位 cm）

T_{cl} 天井の水平方向の固有周期（単位 秒）

a_{cl} ロの水平方向の加速度により天井面に生ずる加速度（単位 cm/s^2）

L_{cl} 衝突が生じないことを確かめる位置での吊り長さ（単位 cm）

R 令第82条の5第三号の規定により求めた建築物の層間変位の各階の高さに対する割合

ニ イからハまでの構造計算を行うに当たり、風圧並びに地震以外の振動及び衝撃を適切に考慮すること。

第12 土砂災害警戒区域等における土砂災害防止対策の推進に関する法律（平成12年法律第57号）第8条第1項に規定する土砂災害特別警戒区域内における居室を有する建築物にあっては、令第80条の3ただし書の場合を除き、土砂災害の発生原因となる自然現象の種類に応じ、それぞれ平成13年国土交通省告示第383号第2第二号イからハまで、第3第二号イ及びロ又は第4第二号イ及びロの規定によること。

解答

解答は表計算ソフトを用いて計算しております。電卓などで計算した場合、数値の下位の部分で、計算結果が僅かにずれることがあります。計算の意図を理解し、流れを把握することを重視してください。

【演習シート1】

ひとりでやってみよう1

2階　$b_{d2} = 1 + (\sqrt{\alpha_2} - \alpha_2^2) \cdot \dfrac{0.04h}{1+0.06h} \cdot \dfrac{\Sigma M_i}{M_2}$

$= 1 + (\sqrt{0.508} - 0.508^2) \cdot \dfrac{0.04 \times 7.57}{1 + 0.06 \times 7.57} \cdot \dfrac{227 + 220}{227} = 1.19$

1階　$b_{d1} = 1 + (\sqrt{\alpha_1} - \sqrt{\alpha_2} - \alpha_1^2 + \alpha_2^2) \cdot \dfrac{0.04h}{1+0.06h} \cdot \dfrac{\Sigma M_i}{M_1}$

$= 1 + (\sqrt{\langle^1 \underline{1.0} \rangle} - \sqrt{\langle^2 \underline{0.508} \rangle} - \langle^3 \underline{1.0} \rangle^2 + \langle^4 \underline{0.508} \rangle^2) \times \dfrac{0.04 \times \langle^5 \underline{7.57} \rangle}{1 + 0.06 \times \langle^6 \underline{7.57} \rangle} \times \dfrac{\langle^7 \underline{447} \rangle}{\langle^8 \underline{220} \rangle}$

$= \langle^9 \underline{0.81} \rangle$

ひとりでやってみよう2

$M_1 \cdot \delta_1 = 220 \times 0.81 = 178$

$M_2 \cdot \delta_2 = \langle^{10} \underline{227} \rangle \times \langle^{11} \underline{1.19} \rangle = \langle^{12} \underline{270} \rangle$

$\Sigma M_i \cdot \delta_i = M_1 \cdot \delta_1 + M_2 \cdot \delta_2 = 178 + \langle^{13} \underline{270} \rangle = \langle^{14} \underline{447} \rangle$

$M_1 \cdot \delta_1^2 = 220 \times 0.81^2 = 144$

$M_2 \cdot \delta_2^2 = \langle^{15} \underline{227} \rangle \times \langle^{16} \underline{1.41} \rangle = \langle^{17} \underline{320} \rangle$

$\Sigma M_i \cdot \delta_i^2 = M_1 \cdot \delta_1^2 + M_2 \cdot \delta_2^2 = 143 + \langle^{18} \underline{320} \rangle = \langle^{19} \underline{463} \rangle$

$M_{ud} = \langle^{20} \underline{447^2} \rangle \div \langle^{21} \underline{463} \rangle = \langle^{22} \underline{432} \rangle$

ひとりでやってみよう3

$T_d = 0.02h = 0.02 \times \langle^{23} \underline{7.57} \rangle = \langle^{24} \underline{0.151} \rangle$

$T_d \leqq 0.16$ の場合

$p = 1.00 - \dfrac{0.15}{0.16} T_d = 1.00 - \dfrac{0.15}{0.16} \times \langle^{25} \underline{0.151} \rangle = \langle^{26} \underline{0.86} \rangle$

$T_d > 0.16$ の場合
$p = 0.85$

よって、　$p = \langle^{27} \underline{0.86} \rangle$

解答は表計算ソフトを用いて計算しております。電卓などで計算した場合、数値の下位の部分で、計算結果が僅かにずれることがあります。計算の意図を理解し、流れを把握することを重視してください。

【演習シート2】

ひとりでやってみよう４

$$\frac{M_{ud}}{\sum M_i} = \langle^{28}\mathbf{432}\rangle \div \langle^{29}\mathbf{447}\rangle = \langle^{30}\mathbf{0.97}\rangle$$

$q = \langle^{31}\mathbf{1.0}\rangle$

ひとりでやってみよう５

$$B_{d2} = p \cdot q \cdot \frac{M_{ud}}{M_1 + M_2} \cdot b_{d2}$$
$$= \langle^{32}\mathbf{0.86}\rangle \times \langle^{33}\mathbf{1.0}\rangle \times \langle^{34}\mathbf{0.97}\rangle \times \langle^{35}\mathbf{1.19}\rangle$$
$$= \langle^{36}\mathbf{0.98}\rangle$$

$$B_{d1} = p \cdot q \cdot \frac{M_{ud}}{M_1 + M_2} \cdot b_{d1}$$
$$= \langle^{37}\mathbf{0.86}\rangle \times \langle^{38}\mathbf{1.0}\rangle \times \langle^{39}\mathbf{0.97}\rangle \times \langle^{40}\mathbf{0.81}\rangle$$
$$= \langle^{41}\mathbf{0.67}\rangle$$

ひとりでやってみよう６

$T_u = 0.64 \frac{g_v}{1.5} = 0.64 \times \langle^{42}\mathbf{2.025}\rangle \div 1.5 = \langle^{43}\mathbf{0.864}\rangle$

$G_s = \langle^{44}\mathbf{1.5}\rangle$

ひとりでやってみよう７

$p_{d2} = (0.64 + 6 \times 0.151) \times 227 \times 0.98 \times 1.0 \times 1.5 = 518.76$
$p_{d1} = (0.64 + 6 \times \langle^{45}\mathbf{0.151}\rangle) \times \langle^{46}\mathbf{220}\rangle \times \langle^{47}\mathbf{0.67}\rangle \times \langle^{48}\mathbf{1.0}\rangle \times \langle^{49}\mathbf{1.5}\rangle$
$\quad = \langle^{50}\mathbf{341.96}\rangle$
$Q_{d2} = p_{d2} = 518.76$
$Q_{d1} = p_{d1} + p_{d2} = \langle^{51}\mathbf{518.76}\rangle + \langle^{52}\mathbf{341.96}\rangle = \langle^{53}\mathbf{860.72}\rangle$
$C_{d2} = \frac{Q_{d2}}{W_2} = \frac{518.76}{2227} = 0.23$
$C_{d1} = \frac{Q_{d1}}{W_1 + W_2} = \frac{\langle^{54}\mathbf{860.72}\rangle}{\langle^{55}\mathbf{2157}\rangle + \langle^{56}\mathbf{2227}\rangle} = \langle^{57}\mathbf{0.20}\rangle$

解答は表計算ソフトを用いて計算しております。電卓などで計算した場合、数値の下位の部分で、計算結果が僅かにずれることがあります。計算の意図を理解し、流れを把握することを重視してください。

【演習シート3】

ひとりでやってみよう8

$$y_1 = \langle^{58}\mathbf{0.25}\rangle$$

$$h = y_1\left(1 - \frac{1}{\sqrt{\mu}}\right) + 0.05 = \langle^{59}\mathbf{0.25}\rangle \times \left(1 - \frac{1}{\sqrt{\langle^{60}\mathbf{5}\rangle}}\right) + 0.05$$

$$= \langle^{61}\mathbf{0.188}\rangle$$

$$F_h = \frac{1.5}{1 + 10 \times \langle^{62}\mathbf{0.188}\rangle} = \langle^{63}\mathbf{0.52}\rangle$$

ひとりでやってみよう9

2階　$b_{s2} = 1 + (\sqrt{\alpha_2} - \alpha_2^2) \cdot \dfrac{0.04h}{1 + 0.06h} \cdot \dfrac{\Sigma M_i}{M_2}$

$\qquad\qquad = 1 + (\sqrt{0.508} - 0.508^2) \cdot \dfrac{0.04 \times 7.57}{1 + 0.06 \times 7.57} \cdot \dfrac{227 + 220}{227} = 1.19$

1階　$b_{s1} = 1 + (\sqrt{\alpha_1} - \sqrt{\alpha_2} - \alpha_1^2 + \alpha_2^2) \cdot \dfrac{0.04h}{1 + 0.06h} \cdot \dfrac{\Sigma M_i}{M_1}$

$\qquad\qquad = 1 + (\sqrt{\langle^{64}\mathbf{1.0}\rangle} - \sqrt{\langle^{65}\mathbf{0.508}\rangle} - \langle^{66}\mathbf{1.0}\rangle^2 + \langle^{67}\mathbf{0.508}\rangle^2) \times \dfrac{0.04 \times \langle^{68}\mathbf{7.57}\rangle}{1 + 0.06 \times \langle^{69}\mathbf{7.57}\rangle} \times \dfrac{\langle^{70}\mathbf{447}\rangle}{\langle^{71}\mathbf{220}\rangle}$

$\qquad\qquad = \langle^{72}\mathbf{0.81}\rangle$

ひとりでやってみよう10

$M_1 \cdot \delta_1 = 220 \times 1 = 220$

$M_2 \cdot \delta_2 = \langle^{73}\mathbf{227}\rangle \times \langle^{74}\mathbf{2.0}\rangle = \langle^{75}\mathbf{455}\rangle$

$\Sigma M_i \cdot \delta_i = M_1 \cdot \delta_1 + M_2 \cdot \delta_2 = 220 + \langle^{76}\mathbf{455}\rangle = \langle^{77}\mathbf{675}\rangle$

$M_1 \cdot \delta_1^2 = 220 \times 1^2 = 220$

$M_2 \cdot \delta_2^2 = \langle^{78}\mathbf{227}\rangle \times \langle^{79}\mathbf{4.0}\rangle = \langle^{80}\mathbf{909}\rangle$

$\Sigma M_i \cdot \delta_i^2 = M_1 \cdot \delta_1^2 + M_2 \cdot \delta_2^2 = 220 + \langle^{81}\mathbf{909}\rangle = \langle^{82}\mathbf{1129}\rangle$

$M_{us} = \langle^{83}\mathbf{675^2}\rangle \div \langle^{84}\mathbf{1129}\rangle = \langle^{85}\mathbf{403}\rangle$

解答は表計算ソフトを用いて計算しております。電卓などで計算した場合、数値の下位の部分で、計算結果が僅かにずれることがあります。計算の意図を理解し、流れを把握することを重視してください。

【演習シート４】

ひとりでやってみよう１１

$T_s = 4.47 T_d = 4.47 \times \langle^{86}\underline{\mathbf{0.151}}\rangle = \langle^{87}\underline{\mathbf{0.68}}\rangle$

$T_s \leqq 0.16$ の場合

$$p = 1.00 - \frac{0.15}{0.16} T_s = 1.00 - \frac{0.15}{0.16} \times \langle^{88}\underline{\mathbf{0.68}}\rangle = \langle^{89}\underline{\mathbf{0.365}}\rangle$$

$T_s > 0.16$ の場合

$p = 0.85$

よって、 $p = \langle^{90}\underline{\mathbf{0.85}}\rangle$

ひとりでやってみよう１２

$$\frac{M_{us}}{\sum M_i} = \frac{\langle^{91}\underline{\mathbf{403}}\rangle}{\langle^{92}\underline{\mathbf{447}}\rangle} = \langle^{93}\underline{\mathbf{0.90}}\rangle$$

$q = \langle^{94}\underline{\mathbf{1.0}}\rangle$

ひとりでやってみよう１３

$B_{s2} = p \cdot q \cdot \dfrac{M_{us}}{M_1 + M_2} \cdot b_{s2}$
$\quad = \langle^{95}\underline{\mathbf{0.85}}\rangle \times \langle^{96}\underline{\mathbf{1.0}}\rangle \times \langle^{97}\underline{\mathbf{0.90}}\rangle \times \langle^{98}\underline{\mathbf{1.19}}\rangle$
$\quad = \langle^{99}\underline{\mathbf{0.91}}\rangle$

$B_{s1} = p \cdot q \cdot \dfrac{M_{us}}{M_1 + M_2} \cdot b_{s1}$
$\quad = \langle^{100}\underline{\mathbf{0.85}}\rangle \times \langle^{101}\underline{\mathbf{1.0}}\rangle \times \langle^{102}\underline{\mathbf{0.90}}\rangle \times \langle^{103}\underline{\mathbf{0.81}}\rangle$
$\quad = \langle^{104}\underline{\mathbf{0.62}}\rangle$

解答は表計算ソフトを用いて計算しております。電卓などで計算した場合、数値の下位の部分で、計算結果が僅かにずれることがあります。計算の意図を理解し、流れを把握することを重視してください。

【演習シート5】

ひとりでやってみよう14

$$T_u = 0.64 \frac{g_v}{1.5} = 0.64 \times \frac{\langle^{105}2.025\rangle}{1.5} = \langle^{106}0.864\rangle$$

$$G_s = \langle^{107}1.59\rangle$$

ひとりでやってみよう15

$$p_{s2} = 5.12 \times 227 \times 0.91 \times 0.52 \times 1.0 \times 1.59 \div 0.68 = 1290 \text{ kN}$$

$$p_{s1} = 5.12 \times \langle^{108}220\rangle \times \langle^{109}0.62\rangle \times \langle^{110}0.52\rangle \times \langle^{111}1.0\rangle \times \langle^{112}1.59\rangle \div \langle^{113}0.68\rangle$$

$$= \langle^{114}850\rangle$$

$$Q_{s2} = p_{s2} = 1290$$

$$Q_{s1} = p_{s1} + p_{s2} = \langle^{115}850\rangle + \langle^{116}1290\rangle = \langle^{117}2140\rangle$$

$$C_{s2} = \frac{Q_{s2}}{W_2} = \frac{1290}{2237} = 0.58$$

$$C_{s1} = \frac{Q_{s1}}{W_1 + W_2} = \frac{\langle^{118}2140\rangle}{\langle^{119}2157\rangle + \langle^{120}2227\rangle} = \langle^{121}0.49\rangle$$

ひとりでやってみよう16

方向	加力	階	$M_i \cdot g$	F_{ei}	Q_{ui} (kN)	q_{si}	Q_s (kN)	Δa (m/s²)	Δs (m)	Δs_i (m)	R_{si} (逆数)
X	両方 (← →)	2	2227	1	1448	0.55	2401	5.96	0.0692	0.0827	1/ 84
		1	2157	1	2401	0.55				0.0413	1/ 98
Y	左から右へ (→)	2	2227	1	1539	0.58	2552	6.33	0.0735	0.0879	1/ 79
		1	2157	1	2552	0.58				0.0439	1/ 92
	右から左へ (←)	2	2227	1	1456	0.55	2416	5.99	0.0696	0.0832	1/ 83
		1	2157	1	2416	0.55				0.0416	1/ 97

解答は表計算ソフトを用いて計算しております。電卓などで計算した場合、数値の下位の部分で、計算結果が僅かにずれることがあります。計算の意図を理解し、流れを把握することを重視してください。

【演習シート6-①】

ひとりでやってみよう１７（Ｒ階梁の計算）

大梁のせん断終局強度	せん断補強筋	$\sigma_y =$	295 N/mm²	かぶり(側面)=	40	$\alpha_t =$	0.81
靭性指針	コンクリート強度	$F_c =$	24 N/mm²	かぶり(底面)=	54	$d_b =$	22
		$v_0 =$	0.58 N/mm²	$d_{cs} =$	61		
				$d_{ct} =$	75		

記号	断面 $b \times D, d$ $\ell_0\ \Delta\ell\ j$ $b_e\ b_s\ j_e$			位置	上下	主筋 配筋 ψ (mm) 70	せん断補強筋 配筋	a_w (mm²) 71	p_{we}	ヒンジ	R_p	μ	v	λ	$\tan\theta$
$_RG_1$	400 5400 355	× 355	700 ,625 300 547 582	外端	上 下	3-D22 2-D22	2-D10	143	0.0027	有	0.018	1.64	0.37	0.72	0.06
				内端	上 下	3-D22 2-D22	@150			無	0	2.00	0.58		
$_RG_2$	400 5400 355	× 355	700 ,625 300 547 582	X1側	上 下	3-D22 2-D22	2-D10	143	0.0027	有	0.018	1.64	0.37	0.72	0.06
				X2側	上 下	3-D22 2-D22	@150			無	0	2.00	0.58		
$_RG_3$	400 5400 400	× 400	700 ,625 300 547 582	外端	上 下	3-D22 2-D22	2-D10	143	0.0024	有	0.018	1.64	0.37	0.70	0.06
				内端	上 下	3-D22 2-D22	@150			無	0	2.00	0.58		
$_RG_4$	400 5400 400	× 400	700 ,625 300 547 582	X1側	上 下	3-D22 2-D22	2-D10	143	0.0024	有	0.018	1.64	0.37	0.70	0.06
				X2側	上 下	3-D22 2-D22	@150			無	0	2.00	0.58		
$_RG_5$	400 5400 355	× 355	700 ,625 300 547 582	外端	上 下	3-D22 2-D22	2-D10	143	0.0027	有	0.018	1.64	0.37	0.72	0.06
				内端	上 下	3-D22 2-D22	@150			無	0	2.00	0.58		
$_RG_6$	400 5400 355	× 355	700 ,625 300 547 582	X1側	上 下	3-D22 2-D22	2-D10	143	0.0027	有	0.018	1.64	0.37	0.72	0.06
				X2側	上 下	3-D22 2-D22	@150			無	0	2.00	0.58		
$_RG_7$	400 3400 355	× 355	700 ,625 300 547 582	外端	上 下	3-D22 2-D22	2-D10	143	0.0027	有	0.019	1.62	0.36	0.72	0.09
				内端	上 下	3-D22 2-D22	@150			無	0	2.00	0.58		
$_RG_8$	400 7400 355	× 355	800 ,725 300 634 682	内端	上 下	3-D22 2-D22	2-D10	143	0.0027	有	0.019	1.62	0.36	0.76	0.05
				外端	上 下	3-D22 2-D22	@150			無	0	2.00	0.58		
$_RG_9$	400 3400 400	× 400	700 ,625 300 547 582	外端	上 下	3-D22 2-D22	2-D10	143	0.0024	有	0.019	1.62	0.36	0.70	0.09
				内端	上 下	3-D22 2-D22	@150			無	0	2.00	0.58		
$_RG_{10}$	400 7400 400	× 400	800 ,725 300 634 682	内端	上 下	4-D22 2-D22	2-D10	143	0.0024	有	0.019	1.62	0.36	0.74	0.05
				外端	上 下	3-D22 2-D22	@150			無	0	2.00	0.58		

解答は表計算ソフトを用いて計算しております。電卓などで計算した場合、数値の下位の部分で、計算結果が僅かにずれることがあります。計算の意図を理解し、流れを把握することを重視してください。

【演習シート6-②】

ひとりでやってみよう１７（左から続く）

保証設計用変形角
X2F　　1/56　Y2F左→右　　1/53　　　Y2F右→左　　1/56
X1F　　1/65　Y1F左→右　　1/61　　　Y1F右→左　　1/65

記号	付着							V_{u1} kN	V_{u2} kN	V_{u3} kN	V_{bu} kN	V_u kN	Q_0 kN	Q_M kN	Q_0+Q_M kN / せん断余裕度 / 判定	$Q_0+Q_M \geq 1.1$
	b_{si}	b_{ci}	b_i	k_{st}	τ_{bu}	$\Sigma\psi$	$T_X,\tau_{bu}\Sigma\psi$									
$_RG_1$	5.1 / 8.1	7.7	5.1 / 7.7	1.3 / 3.1	3.2 / 6.9	210 / 140	549 / 798	296.9	497.3	664.1	348.8	296.9	57.9	83.6	141.5	
	5.1 / 8.1	7.7	5.1 / 7.7	1.3 / 3.1	3.2 / 6.9	210 / 140	669 / 972	396.0	743.5	1033.4	449.5	396.0			2.10 / OK	
$_RG_2$	5.1 / 8.1	7.7	5.1 / 7.7	1.3 / 3.1	3.2 / 6.9	210 / 140	549 / 798	296.9	497.3	664.1	348.8	296.9	52.6	54.0	106.6	
	5.1 / 8.1	7.7	5.1 / 7.7	1.3 / 3.1	3.2 / 6.9	210 / 140	669 / 972	396.0	743.5	1033.4	449.5	396.0			2.79 / OK	
$_RG_3$	5.1 / 8.1	7.7	5.1 / 7.7	1.3 / 3.1	3.2 / 6.9	210 / 140	549 / 798	300.9	540.0	728.2	352.7	300.9	70.2	94.8	165.0	
	5.1 / 8.1	7.7	5.1 / 7.7	1.3 / 3.1	3.2 / 6.9	210 / 140	669 / 972	400.0	810.0	1133.1	454.2	400.0			1.82 / OK	
$_RG_4$	5.1 / 8.1	7.7	5.1 / 7.7	1.3 / 3.1	3.2 / 6.9	210 / 140	549 / 798	300.9	540.0	728.2	352.7	300.9	62.9	62.2	125.1	
	5.1 / 8.1	7.7	5.1 / 7.7	1.3 / 3.1	3.2 / 6.9	210 / 140	669 / 972	400.0	810.0	1133.1	454.2	400.0			2.41 / OK	
$_RG_5$	5.1 / 8.1	7.7	5.1 / 7.7	1.3 / 3.1	3.2 / 6.9	210 / 140	549 / 798	296.9	497.3	664.1	348.8	296.9	57.9	90.1	148.0	
	5.1 / 8.1	7.7	5.1 / 7.7	1.3 / 3.1	3.2 / 6.9	210 / 140	669 / 972	396.0	743.5	1033.4	449.5	396.0			2.01 / OK	
$_RG_6$	5.1 / 8.1	7.7	5.1 / 7.7	1.3 / 3.1	3.2 / 6.9	210 / 140	549 / 798	296.9	497.3	664.1	348.8	296.9	52.6	59.5	112.1	
	5.1 / 8.1	7.7	5.1 / 7.7	1.3 / 3.1	3.2 / 6.9	210 / 140	669 / 972	396.0	743.5	1033.4	449.5	396.0			2.65 / OK	
$_RG_7$	5.1 / 8.1	7.7	5.1 / 7.7	1.3 / 3.1	3.2 / 6.9	210 / 140	542 / 787	305.7	481.8	640.9	358.5	305.7	51.0	134.9	185.9	
	5.1 / 8.1	7.7	5.1 / 7.7	1.3 / 3.1	3.2 / 6.9	210 / 140	669 / 972	436.4	743.5	1033.4	484.8	436.4			1.64 / OK	
$_RG_8$	5.1 / 8.1	7.7	5.1 / 7.7	1.3 / 3.1	3.2 / 6.9	210 / 140	542 / 787	337.4	593.4	794.2	397.7	337.4	99.4	70.4	169.8	
	5.1 / 8.1	7.7	5.1 / 7.7	1.3 / 3.1	3.2 / 6.9	210 / 140	669 / 972	451.4	917.6	1280.5	516.3	451.4			1.99 / OK	
$_RG_9$	5.1 / 8.1	7.7	5.1 / 7.7	1.3 / 3.1	3.2 / 6.9	210 / 140	542 / 787	312.0	523.1	702.8	364.5	312.0	63.9	146.4	210.3	
	5.1 / 8.1	7.7	5.1 / 7.7	1.3 / 3.1	3.2 / 6.9	210 / 140	669 / 972	442.7	810.0	1133.1	492.3	442.7			1.48 / OK	
$_RG_{10}$	3.5 / 8.1	7.7	3.5 / 7.7	0.9 / 3.1	2.3 / 6.9	280 / 140	532 / 787	341.2	647.5	875.4	395.0	341.2	136.2	77.5	213.7	
	5.1 / 8.1	7.7	5.1 / 7.7	1.3 / 3.1	3.2 / 6.9	210 / 140	669 / 972	455.1	1004.9	1411.5	520.8	455.1			1.60 / OK	

解答は表計算ソフトを用いて計算しております。電卓などで計算した場合、数値の下位の部分で、計算結果が僅かにずれることがあります。計算の意図を理解し、流れを把握することを重視してください。

【演習シート6-③】

ひとりでやってみよう17（2階梁の計算）

大梁のせん断終局強度　せん断補強筋　σ_y = 295 N/mm² 　かぶり(側面) = 40 　α_t = 0.81
靭性指針　　　　　　　コンクリート強度　F_c = 24 N/mm² 　かぶり(底面) = 54 　d_b = 22
　　　　　　　　　　　　　　　　　　　　v_0 = 0.58 N/mm² 　d_{cs} = 61
　　　　　　　　　　　　　　　　　　　　　　　　　　　　　　d_{ct} = 75

記号	断面 $b \times D, d$ $\ell_0 \; \Delta\ell \; j$ $b_e \; b_s \; j_e$	位置	上下	主筋配筋 ψ (mm) 70	せん断補強筋 配筋	a_w (mm²) 71	p_{we}	ヒンジ	R_p	μ	v	λ	$\tan\theta$
$_2G_1$	400 × 700 ,625 5400　300　547 355　355　　582	外端	上 下	3-D22 2-D22	2-D10	143	0.0027	有	0.018	1.64	0.37	0.72	0.06
		内端	上 下	3-D22 2-D22	@150			無	0	2.00	0.58		
$_2G_2$	400 × 700 ,625 5400　300　547 355　355　　582	X1側	上 下	3-D22 2-D22	2-D10	143	0.0027	有	0.018	1.64	0.37	0.72	0.06
		X2側	上 下	3-D22 2-D22	@150			無	0	2.00	0.58		
$_2G_3$	400 × 700 ,625 5400　300　547 400　400　　582	外端	上 下	3-D22 2-D22	2-D10	143	0.0024	有	0.018	1.64	0.37	0.70	0.06
		内端	上 下	3-D22 2-D22	@150			無	0	2.00	0.58		
$_2G_4$	400 × 700 ,625 5400　300　547 400　400　　582	X1側	上 下	3-D22 2-D22	2-D10	143	0.0024	有	0.018	1.64	0.37	0.70	0.06
		X2側	上 下	3-D22 2-D22	@150			無	0	2.00	0.58		
$_2G_5$	400 × 700 ,625 5400　300　547 355　355　　582	外端	上 下	3-D22 2-D22	2-D10	143	0.0027	有	0.018	1.64	0.37	0.72	0.06
		内端	上 下	3-D22 2-D22	@150			無	0	2.00	0.58		
$_2G_6$	400 × 700 ,625 5400　300　547 355　355　　582	X1側	上 下	3-D22 2-D22	2-D10	143	0.0027	有	0.018	1.64	0.37	0.72	0.06
		X2側	上 下	3-D22 2-D22	@150			無	0	2.00	0.58		
$_2G_7$	400 × 700 ,625 3400　300　547 355　355　　582	外端	上 下	3-D22 3-D22	2-D10	143	0.0027	有	0.019	1.62	0.36	0.72	0.09
		内端	上 下	3-D22 2-D22	@150			無	0	2.00	0.58		
$_2G_8$	400 × 800 ,725 7400　300　634 355　355　　682	内端	上 下	3-D22 2-D22	2-D10	143	0.0027	有	0.019	1.62	0.36	0.76	0.05
		外端	上 下	3-D22 2-D22	@150			無	0	2.00	0.58		
$_2G_9$	400 × 700 ,625 3400　300　547 400　400　　582	外端	上 下	3-D22 3-D22	2-D10	143	0.0024	有	0.019	1.62	0.36	0.70	0.09
		内端	上 下	3-D22 2-D22	@150			無	0	2.00	0.58		
$_2G_{10}$	400 × 800 ,725 7400　300　634 400　400　　682	内端	上 下	4-D22 2-D22	2-D10	143	0.0024	有	0.019	1.62	0.36	0.74	0.05
		外端	上 下	4-D22 2-D22	@150			無	0	2.00	0.58		

解答は表計算ソフトを用いて計算しております。電卓などで計算した場合、数値の下位の部分で、計算結果が僅かにずれることがあります。計算の意図を理解し、流れを把握することを重視してください。

【演習シート6-④】

ひとりでやってみよう１７（左から続く）

保証設計用変形角

X2F 1/56	Y2F左→右 1/53	Y2F右→左 1/56	
X1F 1/65	Y1F左→右 1/61	Y1F右→左 1/65	

記号	付着							V_{u1} kN	V_{u2} kN	V_{u3} kN	V_{bu} kN	V_u kN	Q_0 kN	Q_M kN	Q_0+Q_M kN せん断余裕度 判定	$Q_0+Q_M \geqq 1.1$ ヒンジ位置
	b_{si}	b_{ci}	b_i	k_{st}	τ_{bu}	$\Sigma\psi$	$T_X, \tau_{bu}\Sigma\psi$									
$_2G_1$	5.1 8.1	7.7	5.1 7.7	1.3 3.1	3.2 6.9	210 140	549 798	296.9	497.3	664.1	348.8	296.9	47.7	96.6	144.3	
	5.1 8.1	7.7	5.1 7.7	1.3 3.1	3.2 6.9	210 140	669 972	396.0	743.5	1033.4	449.5	396.0			2.06 OK	
$_2G_2$	5.1 8.1	7.7	5.1 7.7	1.3 3.1	3.2 6.9	210 140	549 798	296.9	497.3	664.1	348.8	296.9	44.8	96.6	141.4	
	5.1 8.1	7.7	5.1 7.7	1.3 3.1	3.2 6.9	210 140	669 972	396.0	743.5	1033.4	449.5	396.0			2.10 OK	
$_2G_3$	5.1 8.1	7.7	5.1 7.7	1.3 3.1	3.2 6.9	210 140	549 798	300.9	540.0	728.2	352.7	300.9	67.9	116.7	184.6	
	5.1 8.1	7.7	5.1 7.7	1.3 3.1	3.2 6.9	210 140	669 972	400.0	810.0	1133.1	454.2	400.0			1.63 OK	
$_2G_4$	5.1 8.1	7.7	5.1 7.7	1.3 3.1	3.2 6.9	210 140	549 798	300.9	540.0	728.2	352.7	300.9	62.9	116.7	179.6	
	5.1 8.1	7.7	5.1 7.7	1.3 3.1	3.2 6.9	210 140	669 972	400.0	810.0	1133.1	454.2	400.0			1.68 OK	
$_2G_5$	5.1 8.1	7.7	5.1 7.7	1.3 3.1	3.2 6.9	210 140	549 798	296.9	497.3	664.1	348.8	296.9	47.7	96.6	144.3	
	5.1 8.1	7.7	5.1 7.7	1.3 3.1	3.2 6.9	210 140	669 972	396.0	743.5	1033.4	449.5	396.0			2.06 OK	
$_2G_6$	5.1 8.1	7.7	5.1 7.7	1.3 3.1	3.2 6.9	210 140	549 798	296.9	497.3	664.1	348.8	296.9	44.8	96.6	141.4	
	5.1 8.1	7.7	5.1 7.7	1.3 3.1	3.2 6.9	210 140	669 972	396.0	743.5	1033.4	449.5	396.0			2.10 OK	
$_2G_7$	5.1 5.1	7.7	5.1 5.1	1.3 1.3	3.2 3.9	210 210	542 669	305.7	481.8	640.9	358.5	305.7	39.2	177.7	216.9	
	5.1 8.1	7.7	5.1 7.7	1.3 3.1	3.2 6.9	210 140	669 972	436.4	743.5	1033.4	484.8	436.4			1.41 OK	
$_2G_8$	5.1 5.1	7.7	5.1 5.1	1.3 1.3	3.2 3.9	210 210	542 669	337.4	593.4	794.2	397.7	337.4	85.8	81.8	167.6	
	5.1 8.1	7.7	5.1 7.7	1.3 3.1	3.2 6.9	210 140	669 972	451.4	917.6	1280.5	516.3	451.4			2.01 OK	
$_2G_9$	5.1 5.1	7.7	5.1 5.1	1.3 1.3	3.2 3.9	210 210	542 669	312.0	523.1	702.8	364.5	312.0	57.4	209.6	267.0	ヒンジ位置 両端
	5.1 8.1	7.7	5.1 7.7	1.3 3.1	3.2 6.9	210 140	669 972	442.7	810.0	1133.1	492.3	442.7			1.17 NG	OK
$_2G_{10}$	3.5 8.1	7.7	3.5 7.7	0.9 3.1	2.3 6.9	280 140	532 787	341.2	647.5	875.4	395.0	341.2	132.3	111.7	244.0	
	3.5 8.1	7.7	3.5 7.7	0.9 3.1	2.3 6.9	280 140	656 972	455.1	1004.9	1411.5	513.0	455.1			1.40 OK	

解答は表計算ソフトを用いて計算しております。電卓などで計算した場合、数値の下位の部分で、計算結果が僅かにずれることがあります。計算の意図を理解し、流れを把握することを重視してください。

【演習シート7-①】

ひとりでやってみよう18（X方向の計算）

柱のせん断終局強度

せん断補強筋 σ_y = 295 N/mm²
コンクリート F_c = 24 N/mm²
ν_0 = 0.58 N/mm³

かぶり= 54 mm
d_b = 22 mm
$d_{cs} = d_{ct}$ = 75 mm

保証設計用変形角
X2F 1/56 Y2F右→左 1/56
X1F 1/53 Y1F右→左 1/65 / 1/61 / 1/65

方向	柱	階	断面 b / h_0 / b_s / b_e	D / $\Delta n_\pm$ / b_c	d / $\Delta n_\mp$ / j_t	引張鉄筋	ψ mm	せん断補強筋 配筋 / p_{we}	ヒンジ	R_p	μ	ν	λ	$\tan\theta$	b_{st} / b_{ct} / b_f	k_{st} / τ_{bu}	T_x / $\tau_{bu}\Sigma y$	V_{u1} (kN) X2F / X1F	V_{u2} (kN)	V_{u3} (kN) Y2F左→右 / Y1F左→右	V_{bu} (kN)	V_u (kN) Y2F右→左 / Y1F右→左	Q_m (kN)	せん断余裕度	判定
X	C_1 引張	2	600 / 2770 / 482	600 / 350 / 482	525 / - / -	3-D22	210	2-D10@100 / 0.0030	有	0.018	1.64	0.37	0.65	0.10	8.1 / 8.6	1.9 / 5.8	1005	372	516	672	500	372	76.6	4.86	OK
		1	600 / 3100 / 482	600 / 350 / 482	525 / - / -	3-D22	210	2-D10@100 / 0.0030	無	0	2.00	0.58	0.65		8.1 / 8.6	1.9 / 5.8	1224	532	764	1045	662	532		6.95	OK
												0.40		0.09			1036	390	551	725	521	390	104.6	3.73	OK
	C_2 (X1)	2	600 / 2770 / 482	600 / 350 / 482	525	3-D22	210	2-D10@100 / 0.0030	有	0.018	1.64	0.37	0.65		8.1 / 8.6	1.9 / 5.8	1005	372	516	672	500	372		4.96	OK
		1	600 / 3100 / 482	600 / 350 / 482	525	3-D22	210	2-D10@100 / 0.0030	無	0	2.00	0.58	0.65	0.10	8.1 / 8.6	1.9 / 5.8	1224	532	764	1045	662	532	154.7	2.41	OK
												0.40					1036	390	551	725	521	390		3.44	OK
	C_2 (X2)	2	600 / 2770 / 482	600 / 350 / 482	525	3-D22	210	2-D10@100 / 0.0030	有	0.018	1.64	0.37	0.65	0.09	8.1 / 8.6	1.9 / 5.8	1005	372	516	672	500	372		2.01	OK
		1	600 / 3100 / 482	600 / 350 / 482	525	3-D22	210	2-D10@100 / 0.0030	無	0	2.00	0.58	0.65	0.10	8.1 / 8.6	1.9 / 5.8	1224	532	764	1045	662	532	194.2	2.67	OK
											1.69	0.40					1036	390	551	725	521	390		2.41	OK
	C_1 圧縮	2	600 / 2770 / 482	600 / 350 / 482	525	3-D22	210	2-D10@100 / 0.0030	有	0.018	1.64	0.37	0.65	0.09	8.1 / 8.6	1.9 / 5.8	1005	372	516	672	500	372		3.44	OK
		1	600 / 3100 / 482	600 / 350 / 482	525	3-D22	210	2-D10@100 / 0.0030	無	0	2.00	0.58	0.65	0.10	8.1 / 8.6	1.9 / 5.8	1224	532	764	1045	662	532	154.7	2.01	OK
											1.69	0.40					1036	390	551	725	521	390		2.68	OK
	C_3 引張	2	600 / 2770 / 482	600 / 350 / 482	525	3-D22	210	2-D10@100 / 0.0030	有	0.018	1.64	0.37	0.65	0.09	8.1 / 8.6	1.9 / 5.8	1005	372	516	672	500	372	194.2	3.84	OK
		1	600 / 3100 / 482	600 / 350 / 482	525	3-D22	210	2-D10@100 / 0.0030	無	0	2.00	0.58	0.65	0.10	8.1 / 8.6	1.9 / 5.8	1224	532	764	1045	662	532	138.7	2.26	OK
											1.69	0.40					1036	390	551	725	521	390	172.1	3.01	OK
	C_4 (X1)	2	600 / 2770 / 482	600 / 350 / 482	525	3-D22	210	2-D10@100 / 0.0030	有	0.018	1.64	0.37	0.65	0.09	8.1 / 8.6	1.9 / 5.8	1005	372	516	672	500	372		4.72	OK
		1	600 / 3100 / 482	600 / 350 / 482	525	3-D22	210	2-D10@100 / 0.0030	無	0	2.00	0.58	0.65	0.10	8.1 / 8.6	1.9 / 5.8	1224	532	764	1045	662	532	78.9	6.74	OK
											1.69	0.40					1036	390	551	725	521	390	121.7	3.20	OK
										0.015	2.00	0.58					1224	519	764	1045	654	519	181.7	4.26	OK
																								2.05	OK
										0	2.00	0.58					1224	519	764	1045	654	519	239.9	2.93	OK
										0.015	1.69	0.40					1036	390	551	725	521	390		1.62	OK
										0	2.00	0.58					1224	519	764	1045	654	519		2.16	OK

解答は表計算ソフトを用いて計算しております。電卓などで計算した場合、数値の下位の部分で、計算結果が僅かにずれることがあります。計算の意図を理解し、流れを把握することを重視してください。

【演習シート7-②】

ひとりでやってみよう１８（左から続く）

方向	柱	階	断面 b h_n b	D Δh_T b_c	d Δh_T j	引張鉄筋	ψ mm	せん断補強筋 配筋	p_{we}	ヒンジ	R_p	μ	ν	λ	$\tan\theta$	b_{st} b_{cl} b_l	k_{sl} τ_{bu}	T_x $\tau_{bu}\Sigma\psi$	V_{w1} (kN)	V_{w2} (kN)	V_{u3} (kN)	V_{bu} (kN)	V_u (kN)	Q_m (kN)	せん断余裕度	判定
X	C_4 (X2)	2	600 2770 482	600 350 482	525 482	3-D22	210	2-D10 @100	0.0030	有	0.018	1.64	0.37	0.65	0.10	8.1 8.6 8.1	1.9 5.8	1005	372	516	672	500	372	181.7	2.05	OK
		1	600 3100 482	600 350 482	525 482	3-D22	210	2-D10 @100	0.0030	無	0	2.00	0.58	0.65		8.6		1224	532	764	1045	662	532		2.93	OK
	C_3 圧縮		482	482	482							1.69	0.40	0.65	0.09	8.1	1.9 5.8	1036	390	551	725	521	390	239.9	1.62	OK
		2	600 2770 482	600 350 482	525 482	3-D22	210	2-D10 @100	0.0030	無	0	2.00	0.58	0.65		8.6		1224	519	764	1045	654	519		2.16	OK
		1	600 3100 482	600 350 482	525 482	3-D22	210	2-D10 @100	0.0030	有	0.018	1.64	0.37	0.65	0.10	8.1	1.9 5.8	1005	372	516	672	500	372	163.1	2.28	OK
	C_5 引張	2	600 2770 482	600 350 482	525 482	3-D22	210	2-D10 @100	0.0030	無	0	2.00	0.58	0.65		8.6		1224	532	764	1045	662	532		3.26	OK
		1	600 3100 482	600 350 482	525 482	3-D22	210	2-D10 @100	0.0030	有	0.015	1.69	0.40	0.65	0.09	8.1	1.9 5.8	1036	390	551	725	521	390	211.8	1.84	OK
	C_6 (X1)	2	600 2770 482	600 350 482	525 482	3-D22	210	2-D10 @100	0.0030	無	0	2.00	0.58	0.65		8.6		1224	519	764	1045	654	519		2.45	OK
		1	600 3100 482	600 350 482	525 482	3-D22	210	2-D10 @100	0.0030	有	0.018	1.64	0.37	0.65	0.10	8.1	1.9 5.8	1005	372	516	672	500	372	76.6	4.86	OK
		2	600 2770 482	600 350 482	525 482	3-D22	210	2-D10 @100	0.0030	無	0	2.00	0.58	0.65		8.6		1224	532	764	1045	662	532		6.95	OK
		1	600 3100 482	600 350 482	525 482	3-D22	210	2-D10 @100	0.0030	有	0.015	1.69	0.40	0.65	0.09	8.1	1.9 5.8	1036	390	551	725	521	390	117.0	3.33	OK
	C_6 (X2)	2	600 2770 482	600 350 482	525 482	3-D22	210	2-D10 @100	0.0030	無	0	2.00	0.58	0.65		8.6		1224	519	764	1045	654	519		4.43	OK
		1	600 3100 482	600 350 482	525 482	3-D22	210	2-D10 @100	0.0030	有	0.018	1.64	0.37	0.65	0.10	8.1	1.9 5.8	1005	372	516	672	500	372	164.3	2.27	OK
		2	600 2770 482	600 350 482	525 482	3-D22	210	2-D10 @100	0.0030	無	0	2.00	0.58	0.65		8.6		1224	532	764	1045	662	532		3.24	OK
		1	600 3100 482	600 350 482	525 482	3-D22	210	2-D10 @100	0.0030	有	0.015	1.69	0.40	0.65	0.09	8.1	1.9 5.8	1036	390	551	725	521	390	211.4	1.84	OK
	C_5 圧縮	2	600 2770 482	600 350 482	525 482	3-D22	210	2-D10 @100	0.0030	無	0	2.00	0.58	0.65		8.6		1224	519	764	1045	654	519		2.45	OK
		1	600 3100 482	600 350 482	525 482	3-D22	210	2-D10 @100	0.0030	有	0.018	1.64	0.37	0.65	0.10	8.1	1.9 5.8	1005	372	516	672	500	372	164.3	2.27	OK
		2	600 2770 482	600 350 482	525 482	3-D22	210	2-D10 @100	0.0030	無	0	2.00	0.58	0.65		8.6		1224	532	764	1045	662	532		3.24	OK
		1	600 3100 482	600 350 482	525 482	3-D22	210	2-D10 @100	0.0030	有	0.015	1.69	0.40	0.65	0.09	8.1	1.9 5.8	1036	390	551	725	521	390	211.4	1.84	OK
		2	600 2770 482	600 350 482	525 482	3-D22	210	2-D10 @100	0.0030	有	0.018	1.64	0.37	0.65	0.10	8.1	1.9 5.8	1005	372	516	672	500	372	145.3	2.45	OK
		1	600 3100 482	600 350 482	525 482	3-D22	210	2-D10 @100	0.0030	無	0	2.00	0.58	0.65		8.6		1224	532	764	1045	662	532		2.56	OK
			482	482	482							1.69	0.40	0.65	0.09	8.1	1.9 5.8	1036	390	551	725	521	390		3.66	OK
		2	600 2770 482	600 350 482	525 482	3-D22	210	2-D10 @100	0.0030	無	0	2.00	0.58	0.65		8.6		1224	519	764	1045	654	519	183.5	2.12	OK
																									2.83	OK

解答は表計算ソフトを用いて計算しております。電卓などで計算した場合、数値の下位の部分で、計算結果が僅かにずれることがあります。計算の意図を理解し、流れを把握することを重視してください。

【演習シート7-③】

ひとりでやってみよう１８（Y方向　左→右の計算）

柱のせん断終局強度

せん断補強筋 $\sigma_y =$ 295 N/mm²
コンクリート $F_c =$ 24 N/mm²
$\nu_0 =$ 0.58 N/mm³
かぶり= 54 mm
$d_b =$ 22 mm
$d_{cs}=d_{ct}=$ 75 mm

保証設計用変形角
X2F 1/56
X1F 1/65
Y2F 左→右 1/56　Y2F 右→左 1/53
Y1F 左→右 1/65　Y1F 右→左 1/61

方向	柱	階	断面 b h_n b_t	D Δh_t	Δh_b b_j	d j	引張鉄筋	ψ mm	配筋	p_{we}	ヒンジ	R_p	μ	ν	λ	$\tan\theta$	b_{bj}/b_{cj}	k_{st} τ_{bu}	T_x $\tau_{bu}\Sigma\psi$	V_{u1} (kN)	V_{u2} (kN)	V_{u3} (kN)	V_{bu} (kN)	V_u (kN)	Q_m (kN)	せん断余裕度	判定
Y 右←左	C1 引張	2	600 2770 482	600 350 482	525	3-D22	210	2-D10 @100	0.0030	有	0.019	1.62	0.36	0.65	0.10	8.1 8.6	1.9	991	362	500	648	490	362	92.8	3.90	OK
		1	600 3100 482	600 350 482	525	3-D22	210	2-D10 @100	0.0030	無	0	2.00	0.58	0.65		8.1	5.8	1224	532	764	1045	662	532	107.0	5.73	OK
	C3	2	600 2670 482	600 450 482	525	3-D22	210	2-D10 @100	0.0030	有	0.016	1.67	0.39	0.65	0.09	8.1 8.6	1.9	1025	382	538	705	512	382		3.57	OK
		1	600 3000 482	600 450 482	525	3-D22	210	2-D10 @100	0.0030	無	0	2.00	0.58	0.65		8.1	5.8	1224	519	764	1045	654	519	179.0	4.85	OK
	C5 圧縮	2	600 2770 482	600 350 482	525	3-D22	210	2-D10 @100	0.0030	有	0.019	1.62	0.36	0.65	0.10	8.1 8.6	1.9	991	363	500	648	490	363		2.03	OK
		1	600 3100 482	600 350 482	525	3-D22	210	2-D10 @100	0.0030	無	0	2.00	0.58	0.65		8.1	5.8	1224	537	764	1045	664	537		3.00	OK
	C2 引張	2	600 2670 482	600 450 482	525	3-D22	210	2-D10 @100	0.0030	有	0.016	1.67	0.39	0.65	0.09	8.1 8.6	1.9	1025	383	538	705	513	383	226.8	1.69	OK
		1	600 3000 482	600 450 482	525	3-D22	210	2-D10 @100	0.0030	無	0	2.00	0.58	0.65		8.1	5.8	1224	522	764	1045	656	522		2.30	OK
	C4	2	600 2770 482	600 350 482	525	3-D22	210	2-D10 @100	0.0030	有	0.019	1.62	0.36	0.65	0.10	8.1 8.6	1.9	991	363	500	648	490	363	156.3	2.32	OK
		1	600 3100 482	600 350 482	525	3-D22	210	2-D10 @100	0.0030	無	0	2.00	0.58	0.65		8.1	5.8	1224	537	764	1045	664	537	190.1	3.43	OK
		2	600 2670 482	600 450 482	525	3-D22	210	2-D10 @100	0.0030	有	0.016	1.67	0.39	0.65	0.09	8.1 8.6	1.9	1025	383	538	705	513	383		2.01	OK
		1	600 3000 482	600 450 482	525	3-D22	210	2-D10 @100	0.0030	無	0	2.00	0.58	0.65		8.1	5.8	1224	522	764	1045	656	522		2.75	OK
		2	600 2770 482	600 350 482	525	3-D22	210	2-D10 @100	0.0030	有	0.019	1.62	0.36	0.65	0.10	8.1 8.6	1.9	991	362	500	648	490	362	96.6	3.75	OK
		1	600 3100 482	600 350 482	525	3-D22	210	2-D10 @100	0.0030	無	0	2.00	0.58	0.65		8.1	5.8	1224	532	764	1045	662	532	112.8	5.51	OK
	C6 圧縮	2	600 2670 482	600 450 482	525	3-D22	210	2-D10 @100	0.0030	有	0.016	1.67	0.39	0.65	0.09	8.1 8.6	1.9	1025	382	538	705	512	382		3.38	OK
		1	600 3000 482	600 450 482	525	3-D22	210	2-D10 @100	0.0030	無	0	2.00	0.58	0.65		8.1	5.8	1224	519	764	1045	654	519	203.8	4.60	OK
		2	600 2770 482	600 350 482	525	3-D22	210	2-D10 @100	0.0030	有	0.019	1.62	0.36	0.65	0.10	8.1 8.6	1.9	991	363	500	648	490	363	265.4	1.78	OK
		1	600 3100 482	600 350 482	525	3-D22	210	2-D10 @100	0.0030	無	0	2.00	0.58	0.65		8.1	5.8	1224	537	764	1045	664	537		2.63	OK
		2	600 2670 482	600 450 482	525	3-D22	210	2-D10 @100	0.0030	有	0.016	1.67	0.39	0.65	0.09	8.1 8.6	1.9	1025	383	538	705	513	383		1.44	OK
		1	600 3000 482	600 450 482	525	3-D22	210	2-D10 @100	0.0030	無	0	2.00	0.58	0.65		8.1	5.8	1224	522	764	1045	656	522	191.2	1.97	OK
		2	600 2770 482	600 350 482	525	3-D22	210	2-D10 @100	0.0030	有	0.019	1.62	0.36	0.65	0.10	8.1 8.6	1.9	991	363	500	648	490	363		1.90	OK
		1	600 3100 482	600 350 482	525	3-D22	210	2-D10 @100	0.0030	無	0	2.00	0.58	0.65		8.1	5.8	1224	537	764	1045	664	537		2.81	OK
		2	600 2670 482	600 450 482	525	3-D22	210	2-D10 @100	0.0030	有	0.016	1.67	0.39	0.65	0.09	8.1 8.6	1.9	1025	383	538	705	513	383	245.1	1.56	OK
		1	600 3000 482	600 450 482	525	3-D22	210	2-D10 @100	0.0030	無	0	2.00	0.58	0.65		8.1	5.8	1224	522	764	1045	656	522		2.13	OK

解答は表計算ソフトを用いて計算しております。電卓などで計算した場合、数値の下位の部分で、計算結果が僅かにずれることがあります。計算の意図を理解し、流れを把握することを重視してください。

【演習シート7-④】

ひとりでやってみよう１８（Ｙ方向　右→左の計算）

方向	柱		階	断面 b h_0 b_e	D $\Delta h_t, \Delta h_\pi$	d b_e j	引張鉄筋	ψ mm	せん断補強筋 配筋	p_{we}	ヒンジ	R_p	μ	ν	λ	$\tan\theta$	b_{y1}/b b_{y2}/b	k_{yl}/τ_{bu}	τ_s $\tau_{bu}\Sigma\psi$	V_{u1} (kN)	V_{u2} (kN)	V_{u3} (kN)	V_{bu} (kN)	V_u (kN)	Q_m (kN)	せん断余裕度	判定
Y 右→左	C1	圧縮	2	600 2770 482	600 350 482	525 482 482	3-D22	210	2-D10 @100	0.0030	有	0.018	1.64	0.37	0.65	0.10	8.1 8.6 8.1	1.9 5.8	1004	371	514	669	499	371	146.3	2.54	OK
			1	600 3100 482	600 350 482	525 482 482	3-D22	210	2-D10 @100		無	0	2.00	0.58			8.1 8.6 8.1	1.9 5.8	1224	532	764	1045	662	532		3.64	OK
	C3		2	600 2670 482	600 450 482	525 482 482	3-D22	210	2-D10 @100	0.0030	有	0.015	1.69	0.40	0.65	0.09	8.1 8.6 8.1	1.9 5.8	1035	389	550	723	520	389	185.3	2.10	OK
			1	600 3000 482	600 450 482	525 482 482	3-D22	210	2-D10 @100		無	0	2.00	0.58			8.1 8.6 8.1	1.9 5.8	1224	519	764	1045	654	519		2.80	OK
	C5 引張		2	600 2670 482	600 450 482	525 482 482	3-D22	210	2-D10 @100	0.0030	有	0.018	1.64	0.37	0.65	0.10	8.1 8.6 8.1	1.9 5.8	1004	373	514	669	499	373	175.4	2.12	OK
			1	600 3000 482	600 450 482	525 482 482	3-D22	210	2-D10 @100		無	0	2.00	0.58			8.1 8.6 8.1	1.9 5.8	1224	537	764	1045	664	537		3.06	OK
	C2 圧縮		2	600 2670 482	600 450 482	525 482 482	3-D22	210	2-D10 @100	0.0030	有	0.015	1.69	0.40	0.65	0.09	8.1 8.6 8.1	1.9 5.8	1035	390	550	723	520	390	193.1	2.02	OK
			1	600 3000 482	600 450 482	525 482 482	3-D22	210	2-D10 @100		無	0	2.00	0.58			8.1 8.6 8.1	1.9 5.8	1224	522	764	1045	656	522		2.71	OK
			2	600 2770 482	600 350 482	525 482 482	3-D22	210	2-D10 @100	0.0030	有	0.018	1.64	0.37	0.65	0.10	8.1 8.6 8.1	1.9 5.8	1004	373	514	669	499	373	85.2	4.37	OK
			1	600 3100 482	600 350 482	525 482 482	3-D22	210	2-D10 @100		無	0	2.00	0.58			8.1 8.6 8.1	1.9 5.8	1224	532	764	1045	662	532		6.30	OK
	C4		2	600 2670 482	600 450 482	525 482 482	3-D22	210	2-D10 @100	0.0030	有	0.015	1.69	0.40	0.65	0.09	8.1 8.6 8.1	1.9 5.8	1035	389	550	723	520	389	124.2	3.14	OK
			1	600 3000 482	600 450 482	525 482 482	3-D22	210	2-D10 @100		無	0	2.00	0.58			8.1 8.6 8.1	1.9 5.8	1224	519	764	1045	654	519		4.21	OK
			2	600 2670 482	600 450 482	525 482 482	3-D22	210	2-D10 @100	0.0030	有	0.018	1.64	0.37	0.65	0.10	8.1 8.6 8.1	1.9 5.8	1004	373	514	669	499	373	167.4	2.22	OK
			1	600 3000 482	600 450 482	525 482 482	3-D22	210	2-D10 @100		無	0	2.00	0.58			8.1 8.6 8.1	1.9 5.8	1224	537	764	1045	664	537		3.18	OK
	C6 引張		2	600 2670 482	600 450 482	525 482 482	3-D22	210	2-D10 @100	0.0030	有	0.015	1.69	0.40	0.65	0.09	8.1 8.6 8.1	1.9 5.8	1035	390	550	723	520	390	218.6	1.78	OK
			1	600 3000 482	600 450 482	525 482 482	3-D22	210	2-D10 @100		無	0	2.00	0.58			8.1 8.6 8.1	1.9 5.8	1224	522	764	1045	656	522		2.37	OK
			2	600 2770 482	600 350 482	525 482 482	3-D22	210	2-D10 @100	0.0030	有	0.018	1.64	0.37	0.65	0.10	8.1 8.6 8.1	1.9 5.8	1004	373	514	669	499	373	207.5	1.80	OK
			1	600 3100 482	600 350 482	525 482 482	3-D22	210	2-D10 @100		無	0	2.00	0.58			8.1 8.6 8.1	1.9 5.8	1224	537	764	1045	664	537		2.59	OK
			2	600 2670 482	600 450 482	525 482 482	3-D22	210	2-D10 @100	0.0030	有	0.015	1.69	0.40	0.65	0.09	8.1 8.6 8.1	1.9 5.8	1035	390	550	723	520	390	228.6	1.71	OK
			1	600 3000 482	600 450 482	525 482 482	3-D22	210	2-D10 @100		無	0	2.00	0.58			8.1 8.6 8.1	1.9 5.8	1224	522	764	1045	656	522		2.29	OK
			2	600 2670 482	600 450 482	525 482 482	3-D22	210	2-D10 @100	0.0030	有	0.018	1.64	0.37	0.65	0.10	8.1 8.6 8.1	1.9 5.8	1004	373	514	669	499	373	88.8	4.20	OK
			1	600 3000 482	600 450 482	525 482 482	3-D22	210	2-D10 @100		無	0	2.00	0.58			8.1 8.6 8.1	1.9 5.8	1224	537	764	1045	664	537		6.04	OK
			2	600 2670 482	600 450 482	525 482 482	3-D22	210	2-D10 @100	0.0030	有	0.015	1.69	0.40	0.65	0.09	8.1 8.6 8.1	1.9 5.8	1035	390	550	723	520	390	136.1	2.87	OK
			1	600 3000 482	600 450 482	525 482 482	3-D22	210	2-D10 @100		無	0	2.00	0.58			8.1 8.6 8.1	1.9 5.8	1224	522	764	1045	656	522		3.84	OK

解答は表計算ソフトを用いて計算しております。電卓などで計算した場合、数値の下位の部分で、計算結果が僅かにずれることがあります。計算の意図を理解し、流れを把握することを重視してください。

【演習シート8】

ひとりでやってみよう１９

層降伏せん断力の算定

方向	加力	階	柱	Q_{mu} (kN)	ΣQ_u (kN)
X	両方 (← →)	2	C_1引張	155	2335
			C_2	187	
			C_1圧縮	196	
			C_3引張	172	
			C_4	215	
			C_3圧縮	220	
			C_5引張	169	
			C_6	206	
			C_5圧縮	209	
	両方 (← →)	1	C_1引張	140	2508
			C_2	195	
			C_1圧縮	211	
			C_3引張	170	
			C_4	246	
			C_3圧縮	252	
			C_5引張	163	
			C_6	228	
			C_5圧縮	232	

方向	加力	階	柱	Q_{mu} (kN)	ΣQ_u (kN)
Y	左から右へ (→)	2	C_1引張	143	2394
			C_3	219	
			C_5圧縮	214	
			C_2引張	147	
			C_4	241	
			C_6圧縮	234	
		1	C_1引張	113	2550
			C_3	249	
			C_5圧縮	235	
			C_2引張	121	
			C_4	285	
			C_6圧縮	272	
	右から左へ (←)	2	C_1圧縮	207	2390
			C_2	188	
			C_5引張	178	
			C_2圧縮	224	
			C_4	208	
			C_6引張	189	
		1	C_1圧縮	231	2561
			C_2	193	
			C_5引張	175	
			C_2圧縮	259	
			C_4	229	
			C_6引張	195	

層せん断余裕率の確認

方向	加力	階	保有水平耐力 Q_u (kN)	層降伏せん断力 Q_s (kN)	層せん断余裕率
X	両方 (← →)	2	1,448	2,335	0.61
		1	2,401	2,508	0.04
Y	左から右へ (→)	2	1,539	2,394	0.56
		1	2,552	2,550	0.00
	右から左へ (←)	2	1,456	2,390	0.64
		1	2,416	2,561	0.06

【著者紹介】

勅使川原　正臣　工学博士　[委員長]
1954 年生まれ
1983 年　東京大学大学院博士課程修了
1983 年　建設省建築研究所
2004 年　名古屋大学大学院環境学研究科
　　　　　教授
2020 年　中部大学大学院教授
　　　　　名古屋大学名誉教授

前田　匡樹　博士（工学）
1964 年生まれ
1994 年　東京大学大学院博士課程修了
同　年　横浜国立大学助手
1998 年　横浜国立大学助教授
2000 年　東北大学大学院助教授
2011 年　東北大学大学院教授

椛山　健二　博士（工学）
1967 年生まれ
1996 年　東京大学大学院博士課程修了
同　年　広島大学助手
2006 年　芝浦工業大学准教授
2012 年　芝浦工業大学教授

楠　浩一　博士（工学）
1969 年生まれ
1997 年　東京大学大学院博士課程修了
同　年　東京大学生産技術研究所助手
2000 年　建設省建築研究所研究員
2006 年　横浜国立大学准教授
2014 年　東京大学地震研究所准教授
2018 年　東京大学地震研究所教授

真田　靖士　博士（工学）
1973 年生まれ
2001 年　東京大学大学院博士課程修了
同　年　東京大学生産技術研究所助手
2004 年　東京大学地震研究所助手
2006 年　豊橋技術科学大学助教授
2012 年　大阪大学大学院准教授
2018 年　大阪大学大学院教授

日比野　陽　博士（工学）
1979 年生まれ
2007 年　名古屋工業大学大学院
　　　　　博士課程修了
同　年　名古屋大学大学院助教
2009 年　東京工業大学
　　　　　応用セラミックス研究所助教
2012 年　広島大学大学院准教授
2020 年　名古屋大学大学院教授

ひとりで学べるRC造建築物の構造計算演習帳
【限界耐力計算編】

平成 27 年 12 月 1 日	第 1 版 1 刷発行
令和 5 年 5 月 19 日	第 1 版 2 刷発行

著者承認
検印省略

定価（本体 4,000 円＋税）

著　者　勅使川原正臣、前田匡樹、椛山健二、楠　浩一、真田靖士、日比野　陽
発　行　一般財団法人　日本建築センター
　　　　〒101-8986
　　　　東京都千代田区神田錦町 1-9
　　　　TEL：03-5283-0478　　　FAX：03-5281-2828
　　　　http://www.bcj.or.jp/
販　売　全国官報販売協同組合
　　　　〒114-0012
　　　　東京都北区田端新町一丁目 1-14
　　　　TEL：03-6737-1500　　　FAX：03-6737-1510
　　　　http://www.gov-book.or.jp/
表紙デザイン　柳オフィス
印　刷　株式会社　東京プリント印刷

＊乱丁、落丁本はお取りかえいたします。本書の一部あるいは全部を無断複写することは、法律で定められた場合を除き、著作権の侵害となります。

©　勅使川原正臣、前田匡樹、椛山健二、楠　浩一、真田靖士、日比野　陽　2015
Printed in Japan
ISBN 978-4-88910-165-2

ひとりで学べる
RC造建築物の構造計算演習帳
限界耐力計算編
演習シート

著＝勅使川原 正臣・前田 匡樹・椛山 健二
楠 浩一・真田 靖士・日比野 陽

一般財団法人 日本建築センター

BCJ BOOKS-09

解答は表計算ソフトを用いて計算しております。電卓などで計算した場合、数値の下位の部分で、計算結果が僅かにずれることがあります。計算の意図を理解し、流れを把握することを重視してください。

【演習シート１】

ひとりでやってみよう１

2階　$b_{d2} = 1 + (\sqrt{\alpha_2} - \alpha_2^2) \cdot \dfrac{0.04h}{1+0.06h} \cdot \dfrac{\Sigma M_i}{M_2}$

$= 1 + (\sqrt{0.508} - 0.508^2) \cdot \dfrac{0.04 \times 7.57}{1+0.06 \times 7.57} \cdot \dfrac{227+220}{227} = 1.19$

1階　$b_{d1} = 1 + (\sqrt{\alpha_1} - \sqrt{\alpha_2} - \alpha_1^2 + \alpha_2^2) \cdot \dfrac{0.04h}{1+0.06h} \cdot \dfrac{\Sigma M_i}{M_1}$

$= 1 + (\sqrt{\langle^1\underline{}\rangle} - \sqrt{\langle^2\underline{}\rangle} - \langle^3\underline{}\rangle^2 + \langle^4\underline{}\rangle^2) \times \dfrac{0.04 \times \langle^5\underline{}\rangle}{1+0.06 \times \langle^6\underline{}\rangle} \times \dfrac{\langle^7\underline{}\rangle}{\langle^8\underline{}\rangle}$

$= \langle^9\underline{}\rangle$

ひとりでやってみよう２

$M_1 \cdot \delta_1 = 220 \times 0.81 = 178$
$M_2 \cdot \delta_2 = \langle^{10}\underline{}\rangle \times \langle^{11}\underline{}\rangle = \langle^{12}\underline{}\rangle$
$\Sigma M_i \cdot \delta_i = M_1 \cdot \delta_1 + M_2 \cdot \delta_2 = 178 + \langle^{13}\underline{}\rangle = \langle^{14}\underline{}\rangle$
$M_1 \cdot \delta_1^2 = 220 \times 0.81^2 = 144$
$M_2 \cdot \delta_2^2 = \langle^{15}\underline{}\rangle \times \langle^{16}\underline{}\rangle = \langle^{17}\underline{}\rangle$
$\Sigma M_i \cdot \delta_i^2 = M_1 \cdot \delta_1^2 + M_2 \cdot \delta_2^2 = 143 + \langle^{18}\underline{}\rangle = \langle^{19}\underline{}\rangle$
$M_{ud} = \langle^{20}\underline{}\rangle \div \langle^{21}\underline{}\rangle = \langle^{22}\underline{}\rangle$

ひとりでやってみよう３

$T_d = 0.02h = 0.02 \times \langle^{23}\underline{}\rangle = \langle^{24}\underline{}\rangle$

$T_d \leqq 0.16$ の場合
$p = 1.00 - \dfrac{0.15}{0.16}T_d = 1.00 - \dfrac{0.15}{0.16} \times \langle^{25}\underline{}\rangle = \langle^{26}\underline{}\rangle$

$T_d > 0.16$ の場合
$p = 0.85$

よって、　$p = \langle^{27}\underline{}\rangle$

解答は表計算ソフトを用いて計算しております。電卓などで計算した場合、数値の下位の部分で、計算結果が僅かにずれることがあります。計算の意図を理解し、流れを把握することを重視してください。

【演習シート２】

ひとりでやってみよう４

$$\frac{M_{ud}}{\sum M_i} = \langle 28\underline{\qquad} \rangle \div \langle 29\underline{\qquad} \rangle = \langle 30\underline{\qquad} \rangle$$

$$q = \langle 31\underline{\qquad} \rangle$$

ひとりでやってみよう５

$$B_{d2} = p \cdot q \cdot \frac{M_{ud}}{M_1 + M_2} \cdot b_{d2}$$
$$= \langle 32\underline{\qquad} \rangle \times \langle 33\underline{\qquad} \rangle \times \langle 34\underline{\qquad} \rangle \times \langle 35\underline{\qquad} \rangle$$
$$= \langle 36\underline{\qquad} \rangle$$

$$B_{d1} = p \cdot q \cdot \frac{M_{ud}}{M_1 + M_2} \cdot b_{d1}$$
$$= \langle 37\underline{\qquad} \rangle \times \langle 38\underline{\qquad} \rangle \times \langle 39\underline{\qquad} \rangle \times \langle 40\underline{\qquad} \rangle$$
$$= \langle 41\underline{\qquad} \rangle$$

ひとりでやってみよう６

$$T_u = 0.64 \frac{g_v}{1.5} = 0.64 \times \langle 42\underline{\qquad} \rangle \div 1.5 = \langle 43\underline{\qquad} \rangle$$
$$G_s = \langle 44\underline{\qquad} \rangle$$

ひとりでやってみよう７

$$p_{d2} = (0.64 + 6 \times 0.151) \times 227 \times 0.98 \times 1.0 \times 1.5 = 518.76$$
$$p_{d1} = (0.64 + 6 \times \langle 45\underline{\qquad} \rangle) \times \langle 46\underline{\qquad} \rangle \times \langle 47\underline{\qquad} \rangle \times \langle 48\underline{\qquad} \rangle \times \langle 49\underline{\qquad} \rangle$$
$$= \langle 50\underline{\qquad} \rangle$$
$$Q_{d2} = p_{d2} = 518.76$$
$$Q_{d1} = p_{d1} + p_{d2} = \langle 51\underline{\qquad} \rangle + \langle 52\underline{\qquad} \rangle = \langle 53\underline{\qquad} \rangle$$
$$C_{d2} = \frac{Q_{d2}}{W_2} = \frac{518.76}{2227} = 0.23$$
$$C_{d1} = \frac{Q_{d1}}{W_1 + W_2} = \frac{\langle 54\underline{\qquad} \rangle}{\langle 55\underline{\qquad} \rangle + \langle 56\underline{\qquad} \rangle} = \langle 57\underline{\qquad} \rangle$$

解答は表計算ソフトを用いて計算しております。電卓などで計算した場合、数値の下位の部分で、計算結果が僅かにずれることがあります。計算の意図を理解し、流れを把握することを重視してください。

【演習シート３】

ひとりでやってみよう８

$$y_1 = \langle^{58}\underline{\quad\quad}\rangle$$

$$h = y_1\left(1-\frac{1}{\sqrt{\mu}}\right)+0.05 = \langle^{59}\underline{\quad\quad}\rangle \times \left(1-\frac{1}{\sqrt{\langle^{60}\underline{\quad\quad}\rangle}}\right)+0.05$$

$$= \langle^{61}\underline{\quad\quad}\rangle$$

$$F_h = \frac{1.5}{1+10\times\langle^{62}\underline{\quad\quad}\rangle} = \langle^{63}\underline{\quad\quad}\rangle$$

ひとりでやってみよう９

2階　$b_{s2} = 1+(\sqrt{\alpha_2}-\alpha_2^2)\cdot\dfrac{0.04h}{1+0.06h}\cdot\dfrac{\Sigma M_i}{M_2}$

$\quad\quad\quad = 1+(\sqrt{0.508}-0.508^2)\cdot\dfrac{0.04\times7.57}{1+0.06\times7.57}\cdot\dfrac{227+220}{227} = 1.19$

1階　$b_{s1} = 1+(\sqrt{\alpha_1}-\sqrt{\alpha_2}-\alpha_1^2+\alpha_2^2)\cdot\dfrac{0.04h}{1+0.06h}\cdot\dfrac{\Sigma M_i}{M_1}$

$\quad\quad\quad = 1+(\sqrt{\langle^{64}\underline{\quad}\rangle}-\sqrt{\langle^{65}\underline{\quad}\rangle}-\langle^{66}\underline{\quad}\rangle^2+\langle^{67}\underline{\quad}\rangle^2)\times\dfrac{0.04\times\langle^{68}\underline{\quad}\rangle}{1+0.06\times\langle^{69}\underline{\quad}\rangle}\times\dfrac{\langle^{70}\underline{\quad}\rangle}{\langle^{71}\underline{\quad}\rangle}$

$\quad\quad\quad = \langle^{72}\underline{\quad\quad}\rangle$

ひとりでやってみよう１０

$M_1\cdot\delta_1 = 220 \times 1 = 220$

$M_2\cdot\delta_2 = \langle^{73}\underline{\quad}\rangle \times \langle^{74}\underline{\quad}\rangle = \langle^{75}\underline{\quad}\rangle$

$\Sigma M_i\cdot\delta_i = M_1\cdot\delta_1+M_2\cdot\delta_2 = 220+\langle^{76}\underline{\quad}\rangle = \langle^{77}\underline{\quad}\rangle$

$M_1\cdot\delta_1^2 = 220 \times 1^2 = 220$

$M_2\cdot\delta_2^2 = \langle^{78}\underline{\quad}\rangle \times \langle^{79}\underline{\quad}\rangle = \langle^{80}\underline{\quad}\rangle$

$\Sigma M_i\cdot\delta_i^2 = M_1\cdot\delta_1^2+M_2\cdot\delta_2^2 = 220+\langle^{81}\underline{\quad}\rangle = \langle^{82}\underline{\quad}\rangle$

$M_{us} = \langle^{83}\underline{\quad}\rangle \div \langle^{84}\underline{\quad}\rangle = \langle^{85}\underline{\quad}\rangle$

解答は表計算ソフトを用いて計算しております。電卓などで計算した場合、数値の下位の部分で、計算結果が僅かにずれることがあります。計算の意図を理解し、流れを把握することを重視してください。

【演習シート４】

ひとりでやってみよう１１

$T_s = 4.47 T_d = 4.47 \times \langle^{86}\underline{\qquad}\rangle = \langle^{87}\underline{\qquad}\rangle$

$T_s \leqq 0.16$ の場合

$$p = 1.00 - \frac{0.15}{0.16} T_s = 1.00 - \frac{0.15}{0.16} \times \langle^{88}\underline{\qquad}\rangle = \langle^{89}\underline{\qquad}\rangle$$

$T_s > 0.16$ の場合

$$p = 0.85$$

よって、 $p = \langle^{90}\underline{\qquad}\rangle$

ひとりでやってみよう１２

$$\frac{M_{us}}{\sum M_i} = \frac{\langle^{91}\underline{\qquad}\rangle}{\langle^{92}\underline{\qquad}\rangle} = \langle^{93}\underline{\qquad}\rangle$$

$q = \langle^{94}\underline{\qquad}\rangle$

ひとりでやってみよう１３

$$\begin{aligned}
B_{s2} &= p \cdot q \cdot \frac{M_{us}}{M_1 + M_2} \cdot b_{s2} \\
&= \langle^{95}\underline{\qquad}\rangle \times \langle^{96}\underline{\qquad}\rangle \times \langle^{97}\underline{\qquad}\rangle \times \langle^{98}\underline{\qquad}\rangle \\
&= \langle^{99}\underline{\qquad}\rangle
\end{aligned}$$

$$\begin{aligned}
B_{s1} &= p \cdot q \cdot \frac{M_{us}}{M_1 + M_2} \cdot b_{s1} \\
&= \langle^{100}\underline{\qquad}\rangle \times \langle^{101}\underline{\qquad}\rangle \times \langle^{102}\underline{\qquad}\rangle \times \langle^{103}\underline{\qquad}\rangle \\
&= \langle^{104}\underline{\qquad}\rangle
\end{aligned}$$

解答は表計算ソフトを用いて計算しております。電卓などで計算した場合、数値の下位の部分で、計算結果が僅かにずれることがあります。計算の意図を理解し、流れを把握することを重視してください。

【演習シート5】

ひとりでやってみよう１４

$$T_u = 0.64 \frac{g_v}{1.5} = 0.64 \times \frac{\langle 105 \quad \rangle}{1.5} = \langle 106 \quad \rangle$$
$$G_s = \langle 107 \quad \rangle$$

ひとりでやってみよう１５

$p_{s2} = 5.12 \times 227 \times 0.91 \times 0.52 \times 1.0 \times 1.59 \div 0.68 = 1290 \text{ kN}$
$p_{s1} = 5.12 \times \langle 108 \quad \rangle \times \langle 109 \quad \rangle \times \langle 110 \quad \rangle \times \langle 111 \quad \rangle \times \langle 112 \quad \rangle \div \langle 113 \quad \rangle$
$\quad = \langle 114 \quad \rangle$
$Q_{s2} = p_{s2} = 1290$
$Q_{s1} = p_{s1} + p_{s2} = \langle 115 \quad \rangle + \langle 116 \quad \rangle = \langle 117 \quad \rangle$
$C_{s2} = \dfrac{Q_{s2}}{W_2} = \dfrac{1290}{2227} = 0.58$
$C_{s1} = \dfrac{Q_{s1}}{W_1 + W_2} = \dfrac{\langle 118 \quad \rangle}{\langle 119 \quad \rangle + \langle 120 \quad \rangle} = \langle 121 \quad \rangle$

ひとりでやってみよう１６

方向	加力	階	$M_i \cdot g$	F_{ei}	Q_{ui} (kN)	q_{si}	Q_s (kN)	Δa (m/s²)	Δs (m)	Δs_i (m)	R_{si} (逆数)
X	両方	2	2227	1	1448	0.55	2401	5.96	0.0692	0.0827	1/ 84
	(← →)	1	2157	1	2401	0.55				0.0413	1/ 98
Y	左から右へ	2	2227	1	1539						1/
	(→)	1	2157	1	2552						1/
	右から左へ	2	2227	1	1456						1/
	(←)	1	2157	1	2416						1/

解答は表計算ソフトを用いて計算しております。電卓などで計算した場合、数値の下位の部分で、計算結果が僅かにずれることがあります。計算の意図を理解し、流れを把握することを重視してください。

【演習シート6-①】

ひとりでやってみよう１７（R階梁の計算）

大梁のせん断終局強度　せん断補強筋　　σ_y = 295 N/mm²　　かぶり(側面)= 40　　α_t = 0.81
靭性指針　　　　　　　コンクリート強度　F_c = 24 N/mm²　　かぶり(底面)= 54　　d_b = 22
　　　　　　　　　　　　　　　　　　　　v_0 = 0.58 N/mm²　　d_{cs} = 61
　　　　　　　　　　　　　　　　　　　　　　　　　　　　　　 d_{ct} = 75

記号	断面 $b \times D, d$ / ℓ_0 $\Delta\ell$ j / b_e b_s j_e	位置	上下	主筋 配筋 ψ(mm) 70	せん断補強筋 配筋	a_w (mm²) 71	p_{we}	ヒンジ	R_p	μ	v	λ	$\tan\theta$
$_RG_1$	400 × 700 ,625 / 5400　300　547 / 355　355　582	外端	上下	3-D22 2-D22	2-D10	143	0.0027	有	0.018	1.64	0.37	0.72	0.06
		内端	上下	3-D22 2-D22	@150			無					
$_RG_2$	400 × 700 ,625 / 5400　300　547 / 355　355　582	X1側	上下	3-D22 2-D22	2-D10	143		有					
		X2側	上下	3-D22 2-D22	@150			無					
$_RG_3$	400 × 700 ,625 / 5400　300　547 / 400　400　582	外端	上下	3-D22 2-D22	2-D10	143		有					
		内端	上下	3-D22 2-D22	@150			無					
$_RG_4$	400 × 700 ,625 / 5400　300　547 / 400　400　582	X1側	上下	3-D22 2-D22	2-D10	143		有					
		X2側	上下	3-D22 2-D22	@150			無					
$_RG_5$	400 × 700 ,625 / 5400　300　547 / 355　355　582	外端	上下	3-D22 2-D22	2-D10	143		有					
		内端	上下	3-D22 2-D22	@150			無					
$_RG_6$	400 × 700 ,625 / 5400　300　547 / 355　355　582	X1側	上下	3-D22 2-D22	2-D10	143		有					
		X2側	上下	3-D22 2-D22	@150			無					
$_RG_7$	400 × 700 ,625 / 3400　300　547 / 355　355　582	外端	上下	3-D22 2-D22	2-D10	143		有					
		内端	上下	3-D22 2-D22	@150			無					
$_RG_8$	400 × 800 ,725 / 7400　300　634 / 355　355　682	内端	上下	3-D22 2-D22	2-D10	143		有					
		外端	上下	3-D22 2-D22	@150			無					
$_RG_9$	400 × 700 ,625 / 3400　300　547 / 400　400　582	外端	上下	3-D22 2-D22	2-D10	143		有					
		内端	上下	3-D22 2-D22	@150			無					
$_RG_{10}$	400 × 800 ,725 / 7400　300　634 / 400　400　682	内端	上下	4-D22 2-D22	2-D10	143		有					
		外端	上下	3-D22 2-D22	@150			無					

解答は表計算ソフトを用いて計算しております。電卓などで計算した場合、数値の下位の部分で、計算結果が僅かにずれることがあります。計算の意図を理解し、流れを把握することを重視してください。

【演習シート6-②】

ひとりでやってみよう17（左から続く）

保証設計用変形角

X2F	1/56	Y2F左→右	1/53	Y2F右→左	1/56
X1F	1/65	Y1F左→右	1/61	Y1F右→左	1/65

記号	付着						$T_X, \tau_{bu}\Sigma\psi$	V_{u1} kN	V_{u2} kN	V_{u3} kN	V_{bu} kN	V_u kN	Q_0 kN	Q_M kN	Q_0+Q_M kN	$Q_0+Q_M \geq 1.1$
	b_{si}	b_{ci}	b_i	k_{st}	τ_{bu}	$\Sigma\psi$									せん断余裕度	判定
$_RG_1$	5.1 8.1	7.7	5.1 7.7	1.3 3.1	3.2 6.9	210 140	549 798	296.9	497.3	664.1	348.8	296.9	57.9	83.6	141.5	
						210 140									2.10	
															OK	
$_RG_2$						210 140										
						210 140										
$_RG_3$						210 140										
						210 140										
$_RG_4$						210 140										
						210 140										
$_RG_5$						210 140										
						210 140										
$_RG_6$						210 140										
						210 140										
$_RG_7$						210 140										
						210 140										
$_RG_8$						210 140										
						210 140										
$_RG_9$						210 140										
						210 140										
$_RG_{10}$						280 140										
						210 140										

解答は表計算ソフトを用いて計算しております。電卓などで計算した場合、数値の下位の部分で、計算結果が僅かにずれることがあります。計算の意図を理解し、流れを把握することを重視してください。

【演習シート6-③】

ひとりでやってみよう１７（２階梁の計算）

大梁のせん断終局強度　せん断補強筋　σ_y = 295 N/mm² 　かぶり（側面）= 40 　α_t = 0.81
靭性指針　　　　　　　コンクリート強度　F_c = 24 N/mm² 　かぶり（底面）= 54 　d_b = 22
　　　　　　　　　　　　　　　　　　　　v_0 = 0.58 N/mm² 　d_{cs} = 61
　　　　　　　　　　　　　　　　　　　　　　　　　　　　　　d_{ct} = 75

記号	断面 $b \times D, d$ / ℓ_0 $\Delta\ell$ j / b_e b_s j_e			位置	上下	主筋 配筋 ψ (mm) 70	せん断補強筋 配筋	a_w (mm²) 71	p_{we}	ヒンジ	R_p	μ	v	λ	$\tan\theta$
$_2G_1$	400 × 5400 355 355	700 300	,625 547 582	外端	上 下	3-D22 2-D22	2-D10 @150	143	0.0027	有					
				内端	上 下	3-D22 2-D22				無					
$_2G_2$	400 × 5400 355 355	700 300	,625 547 582	X1側	上 下	3-D22 2-D22	2-D10 @150	143		有					
				X2側	上 下	3-D22 2-D22				無					
$_2G_3$	400 × 5400 400 400	700 300	,625 547 582	外端	上 下	3-D22 2-D22	2-D10 @150	143		有					
				内端	上 下	3-D22 2-D22				無					
$_2G_4$	400 × 5400 400 400	700 300	,625 547 582	X1側	上 下	3-D22 2-D22	2-D10 @150	143		有					
				X2側	上 下	3-D22 2-D22				無					
$_2G_5$	400 × 5400 355 355	700 300	,625 547 582	外端	上 下	3-D22 2-D22	2-D10 @150	143		有					
				内端	上 下	3-D22 2-D22				無					
$_2G_6$	400 × 5400 355 355	700 300	,625 547 582	X1側	上 下	3-D22 2-D22	2-D10 @150	143		有					
				X2側	上 下	3-D22 2-D22				無					
$_2G_7$	400 × 3400 355 355	700 300	,625 547 582	外端	上 下	3-D22 3-D22	2-D10 @150	143		有					
				内端	上 下	3-D22 2-D22				無					
$_2G_8$	400 × 7400 355 355	800 300	,725 634 682	内端	上 下	3-D22 2-D22	2-D10 @150	143		有					
				外端	上 下	3-D22 2-D22				無					
$_2G_9$	400 × 3400 400 400	700 300	,625 547 582	外端	上 下	3-D22 3-D22	2-D10 @150	143		有					
				内端	上 下	3-D22 2-D22				無					
$_2G_{10}$	400 × 7400 400 400	800 300	,725 634 682	内端	上 下	4-D22 2-D22	2-D10 @150	143		有					
				外端	上 下	4-D22 2-D22				無					

解答は表計算ソフトを用いて計算しております。電卓などで計算した場合、数値の下位の部分で、計算結果が僅かにずれることがあります。計算の意図を理解し、流れを把握することを重視してください。

【演習シート6-④】

ひとりでやってみよう１７（左から続く）

保証設計用変形角
X2F	1/56	Y2F左→右	1/53	Y2F右→左	1/56
X1F	1/65	Y1F左→右	1/61	Y1F右→左	1/65

記号	付着						$T_X, \tau_{bu}\Sigma\psi$	V_{u1} kN	V_{u2} kN	V_{u3} kN	V_{bu} kN	V_u kN	Q_0 kN	Q_M kN	Q_0+Q_M kN せん断余裕度 判定	$Q_0+Q_M \geq 1.1$ ヒンジ位置
	b_{si}	b_{ci}	b_i	k_{st}	τ_{bu}	$\Sigma\psi$										
$_2G_1$						210										
						140										
						210										
						140										
$_2G_2$						210										
						140										
						210										
						140										
$_2G_3$						210										
						140										
						210										
						140										
$_2G_4$						210										
						140										
						210										
						140										
$_2G_5$						210										
						140										
						210										
						140										
$_2G_6$						210										
						140										
						210										
						140										
$_2G_7$						210										
						210										
						210										
						140										
$_2G_8$						210										
						140										
						210										
						140										
$_2G_9$						210										
						210										ヒンジ位置
						210										
						140										
$_2G_{10}$						280										
						140										
						280										
						140										

解答は表計算ソフトを用いて計算しております。電卓などで計算した場合、数値の下位の部分で、計算結果が僅かにずれることがあります。計算の意図を理解し、流れを把握することを重視してください。

【演習シート7-①】

ひとりでやってみよう18（X方向の計算）

柱のせん断終局強度

せん断補強筋 $\sigma_y =$ 295 N/mm²
コンクリート $F_c =$ 24 N/mm²
$\nu_0 =$ 0.58 N/mm³

かぶり= 54 mm
$d_b =$ 22 mm
$d_{cs} = d_{ct} =$ 75 mm

保証設計用変形角
X2F　1/56　Y2F左→右　1/53　Y2F右→左　1/56
X1F　1/65　Y1F左→右　1/61　Y1F右→左　1/65

方向	柱	階	断面 b h_0 b_c	D $\Delta h_上, \Delta h_下$ b_s	d j_t	引張鉄筋	ψ mm	せん断補強筋 配筋	p_{we}	ヒンジ	R_p	μ	ν	λ	$\tan\theta$	b_{si} b_{ci} b_i	k_{st} τ_{bu}	T_x $\tau_{bu}\Sigma\psi$	V_{u1} (kN)	V_{u2} (kN)	V_{u3} (kN)	V_{bu} (kN)	V_u (kN)	Q_m (kN)	せん断余裕度	判定
X	C₁ 引張	2	600 2770 482	600 350 482	525 482	3-D22	210	2-D10 @100	0.0030	有	0.018	1.64	0.37	0.65	0.10	8.1 8.6 8.1	1.9 5.8	1005 1224	372	516	672	500	372	76.6	4.86	OK
		1	600 3100 482	600 482	525 482	3-D22	210	2-D10 @100		無																OK
	C₂ (X1)	2	600 2770 482	600 350 482	525 482	3-D22	210	2-D10 @100		有																
		1	600 3100 482	600 482	525 482	3-D22	210	2-D10 @100		無																
	C₂ (X2)	2	600 2770 482	600 350 482	525 482	3-D22	210	2-D10 @100		有																
		1	600 3100 482	600 482	525 482	3-D22	210	2-D10 @100		無																
	C₁ 圧縮	2	600 2770 482	600 350 482	525 482	3-D22	210	2-D10 @100		有																
		1	600 3100 482	600 482	525 482	3-D22	210	2-D10 @100		無																
	C₃ 引張	2	600 2770 482	600 350 482	525 482	3-D22	210	2-D10 @100		有																
		1	600 3100 482	600 482	525 482	3-D22	210	2-D10 @100		無																
	C₄ (X1)	2	600 2770 482	600 350 482	525 482	3-D22	210	2-D10 @100		有																
		1	600 3100 482	600 482	525 482	3-D22	210	2-D10 @100		無																

解答は表計算ソフトを用いて計算しております。電卓などで計算した場合、数値の下位の部分で、計算結果が僅かにずれることがあります。計算の意図を理解し、流れを把握することを重視してください。

【演習シート7-②】

ひとりでやってみよう１８（左から続く）

方向	柱	階	断面 b h_0 b	D $\Delta h_T, \Delta h_下$	d j	引張鉄筋	ψ mm	せん断補強筋 配筋	p_{we}	ヒンジ	R_p	μ	ν	λ	$\tan\theta$	b_{si} b_{ci} b_1	k_{sl} τ_{bu}	T_x $\tau_{bu}\Sigma\psi$	V_{u1} (kN)	V_{u2} (kN)	V_{u3} (kN)	V_{bu} (kN)	V_u (kN)	Q_m (kN)	せん断余裕度	判定
X	C_4 (X2)	2	600 2770 482	600 350 482	525	3-D22	210	2-D10 @100		有																
		1	600 3100 482	600 350 482	525	3-D22	210	2-D10 @100		無																
	C_3 圧縮	2	600 2770 482	600 350 482	525	3-D22	210	2-D10 @100		有																
		1	600 3100 482	600 350 482	525	3-D22	210	2-D10 @100		無																
	C_5 引張	2	600 2770 482	600 350 482	525	3-D22	210	2-D10 @100		有																
		1	600 3100 482	600 350 482	525	3-D22	210	2-D10 @100		無																
	C_6 (X1)	2	600 2770 482	600 350 482	525	3-D22	210	2-D10 @100		有																
		1	600 3100 482	600 350 482	525	3-D22	210	2-D10 @100		無																
	C_6 (X2)	2	600 2770 482	600 350 482	525	3-D22	210	2-D10 @100		有																
		1	600 3100 482	600 350 482	525	3-D22	210	2-D10 @100		無																
	C_5 圧縮	2	600 2770 482	600 350 482	525	3-D22	210	2-D10 @100		有																
		1	600 3100 482	600 350 482	525	3-D22	210	2-D10 @100		無																

解答は表計算ソフトを用いて計算しております。電卓などで計算した場合、数値の下位の部分で、計算結果が僅かにずれることがあります。計算の意図を理解し、流れを把握することを重視してください。

【演習シート7-③】

ひとりでやってみよう18（Y方向 左→右の計算）

せん断補強筋 $\sigma_y =$ 295 N/mm²
コンクリート $F_c =$ 24 N/mm²
$\nu_0 =$ 0.58 N/mm³

かぶり= 54 mm
$d_b =$ 22 mm
$d_{ca} = d_{ct} =$ 75 mm

保証設計用変形角
X2F 1/56 Y2F左→右 1/56 Y2F右→左 1/56
X1F 1/65 Y1F左→右 1/65 Y1F右→左 1/65

柱のせん断終局強度

方向	柱	階	断面 b h_0 b_1	D Δh_v b_2	Δh_x j	d	引張鉄筋	ψ mm	せん断補強筋 配筋	p_{we}	ヒンジ	R_p	μ	ν	λ	$\tan\theta$	b_{g1} b_{gi} b_i	k_y τ_{bu}	T_x $\tau_{bu}\Sigma\psi$	V_{u1} (kN)	V_{u2} (kN)	V_{bu} (kN)	V_u (kN)	Q_m (kN)	せん断余裕度	判定
Y 左→右	C₁ 引張	2	600 2770 482	600 350 482		525	3-D22	210	2-D10 @100		有															
		1	600 3100 482	600 350 482		525	3-D22	210	2-D10 @100		無															
	C₃	2	600 2670 482	600 450 482		525	3-D22	210	2-D10 @100		有															
		1	600 3000 482	600 450 482		525	3-D22	210	2-D10 @100		無															
	C₅ 圧縮	2	600 2670 482	600 450 482		525	3-D22	210	2-D10 @100		有															
		1	600 3000 482	600 450 482		525	3-D22	210	2-D10 @100		無															
	C₂ 引張	2	600 2770 482	600 350 482		525	3-D22	210	2-D10 @100		有															
		1	600 3100 482	600 350 482		525	3-D22	210	2-D10 @100		無															
	C₄	2	600 2670 482	600 450 482		525	3-D22	210	2-D10 @100		有															
		1	600 3000 482	600 450 482		525	3-D22	210	2-D10 @100		無															
	C₆ 圧縮	2	600 2670 482	600 450 482		525	3-D22	210	2-D10 @100		有															
		1	600 3000 482	600 450 482		525	3-D22	210	2-D10 @100		無															

解答は表計算ソフトを用いて計算しております。電卓などで計算した場合、数値の下位の部分で、計算結果が僅かにずれることがあります。計算の意図を理解し、流れを把握することを重視してください。

【演習シート7-④】

ひとりでやってみよう18（Y方向　右→左の計算）

方向	柱		階	断面 b h_0, Δh_{γ}, Δh_{π} b_e	D b j	d	引張鉄筋	せん断補強筋 配筋	p_{we}	ヒンジ	R_p	μ	ν	λ	$\tan\theta$	b_{sj} b_{cl} b_l	k_{sl} τ_{bu}	T_x τ_{bu} $\Sigma\psi$	V_{u1} (kN)	V_{u2} (kN)	V_{u3} (kN)	V_{bu} (kN)	V_u (kN)	Q_m (kN)	せん断余裕度	判定
Y 右→左	C_1 圧縮		2	600 2770 482	600 350 482	525 482	3-D22	2-D10 @100	210	有																
			1	600 3100 482	600 350 482	525 482	3-D22	2-D10 @100	210	無																
	C_3		2	600 2670 482	600 450 482	525 482	3-D22	2-D10 @100	210	有																
			1	600 3000 482	600 450 482	525 482	3-D22	2-D10 @100	210	無																
	C_5 引張		2	600 2670 482	600 450 482	525 482	3-D22	2-D10 @100	210	有																
			1	600 3000 482	600 450 482	525 482	3-D22	2-D10 @100	210	無																
	C_2 圧縮		2	600 2770 482	600 350 482	525 482	3-D22	2-D10 @100	210	有																
			1	600 3100 482	600 350 482	525 482	3-D22	2-D10 @100	210	無																
	C_4		2	600 2670 482	600 450 482	525 482	3-D22	2-D10 @100	210	有																
			1	600 3000 482	600 450 482	525 482	3-D22	2-D10 @100	210	無																
	C_6 引張		2	600 2670 482	600 450 482	525 482	3-D22	2-D10 @100	210	有																
			1	600 3000 482	600 450 482	525 482	3-D22	2-D10 @100	210	無																

解答は表計算ソフトを用いて計算しております。電卓などで計算した場合、数値の下位の部分で、計算結果が僅かにずれることがあります。計算の意図を理解し、流れを把握することを重視してください。

【演習シート8】

ひとりでやってみよう19

層降伏せん断力の算定

方向	加力	階	柱	Q_{mu} (kN)	ΣQ_u (kN)
X	両方 (←→)	2	C_1引張	155	2335
			C_2	187	
			C_1圧縮	196	
			C_3引張	172	
			C_4	215	
			C_3圧縮	220	
			C_5引張	169	
			C_6	206	
			C_5圧縮	209	
	両方 (←→)	1	C_1引張		
			C_2		
			C_1圧縮		
			C_3引張		
			C_4		
			C_3圧縮		
			C_5引張		
			C_6		
			C_5圧縮		

方向	加力	階	柱	Q_{mu} (kN)	ΣQ_u (kN)
Y	左から右へ (→)	2	C_1引張		
			C_3		
			C_5圧縮		
			C_2引張		
			C_4		
			C_6圧縮		
		1	C_1引張		
			C_3		
			C_5圧縮		
			C_2引張		
			C_4		
			C_6圧縮		
	右から左へ (←)	2	C_1圧縮		
			C_2		
			C_5引張		
			C_2圧縮		
			C_4		
			C_6引張		
		1	C_1圧縮		
			C_2		
			C_5引張		
			C_2圧縮		
			C_4		
			C_6引張		

層せん断余裕率の確認

方向	加力	階	保有水平耐力 Q_u (kN)	層降伏せん断力 Q_s (kN)	層せん断余裕率
X	両方 (←→)	2	1,448	2,335	0.61
		1	2,401		
Y	左から右へ (→)	2	1,539		
		1	2,552		
	右から左へ (←)	2	1,456		
		1	2,416		

memo

memo